PATRIZIO GATTI

AMMINISTRARE L'AZIENDA

**Strumenti e Tecniche di Amministrazione
e Controllo di un'Azienda**

Titolo

"AMMINISTRARE L'AZIENDA"

Autore

Patrizio Gatti

Editore

Bruno Editore

Sito internet

www.BrunoEditore.it

Sommario

Introduzione

Le persone che in questo mondo vanno avanti sono quelle che si
alzano e cercano le circostanze che desiderano
e che, se non le trovano, se le costruiscono
George Bernard Shaw

Questo ebook nasce dalla mia passione, che è il controllo della gestione aziendale, e ha lo scopo di farti risparmiare tempo. Ti evita, infatti, sforzi per acquisire concetti e tecniche di amministrazione, semplificandoli al massimo, e ti fornisce metodi che derivano da anni di studi e di esperienza nelle aziende.

Con questo lavoro mi pongo l'obiettivo di prenderti per mano, qualsiasi sia il settore della tua realtà, per condividere con te conoscenze di base per amministrare un'azienda nel mondo d'oggi.

Il lavoro è rivolto a molti tipi di persone: a chi intende iniziare una attività; all'imprenditore che vuole avere una guida veloce;

all'impiegato che vuole avere una base del controllo dell'amministrazione; così come al neolaureato con un'ottima preparazione teorica ma non ancora pratica.

Quindi, in generale, mi rivolgo a tutti coloro che vogliono gestire e controllare la propria azienda utilizzando semplici metodologie gestionali. La mia intenzione è quella di dare un taglio concreto, evitando tante definizioni che si trovano in molti testi e libri.

Troverai anche alcune tecniche di controllo che non si trovano in letteratura, ma che sono gradite a manager e imprenditori. Non mi soffermerò a parlare del business plan e degli indici di bilancio in maniera approfondita, in quanto ci sono ottimi testi e software in commercio che ti possono aiutare in questo.

Quello che mi interessa è entrare nel merito di come controllare la normale gestione amministrativa, prima ancora di utilizzare il supporto di un commercialista per il controllo della situazione economica finanziaria. In particolare, quindi, tratterò di come gestire le scadenze, i rapporti con le banche e il controllo redditività dei vari lavori.

In questa guida ti illustrerò i seguenti punti: come impostare un controllo amministrativo di base; come pianificare i movimenti bancari e la gestione degli affidamenti; come impostare un primo controllo di budget economico; cosa dobbiamo sapere oggi per avere un buon trattamento dagli istituti bancari (e farsi degli indici da gestire e controllare periodicamente).

Non pretendo di farti diventare un amministrativo, visto che probabilmente ti occupi di tutt'altro. Il mio intento è, però, quello di riuscire a darti qualche strumento utile affinché tu non debba dipendere totalmente da altri o, comunque, non ti debba trovare a gestire l'amministrazione al buio, aspettando i tempi tecnici dei professionisti.

Tutto ciò per permetterti di arrivare gradualmente a un'amministrazione consapevole che ti dia la facoltà di conoscere la redditività in anticipo, senza dover aspettare la dichiarazione dei redditi.

Rimane chiaro che per ottenere dei buoni risultati occorre **impegno** ed essi si avranno solo mettendoci **determinazione** e applicando le **giuste strategie**.

Un suggerimento per la lettura: quando inserisco delle frasi di personaggi autorevoli, ti consiglio di leggerle accuratamente, soffermandoti un attimo a riflettere. A volte possono sembrare affermazioni scontate, ma a mio avviso è importante fare della filosofia, spostando talvolta l'attenzione sulle domande, anziché sulle risposte.

Buona lettura.
Patrizio Gatti

PASSO 1:

Come amministrare senza essere esperti

Il segreto per andare avanti è... Incominciare!
Sally Berger - donna d'affari

Per controllare la gestione, escludendo software ad alto costo o comunque standard, sono convinto che – sino a certi livelli di crescita aziendale – nulla sia più efficace dei fogli di calcolo.

Per utilizzare un sistema di controllo di gestione col mio metodo devi essere provvisto di un PC ed essere in grado di impostare un foglio di calcolo. Io ho utilizzato Excel.

Quando cominciai a lavorare come impiegato amministrativo, credevo che bastasse avere un software buono e il controllo della gestione sarebbe diventato più facile. Certo, un buon software rende le cose molto più semplici, ma con l'andare del tempo mi sono reso conto che l'importante è capire i concetti e, dopo, imparare a lavorare con i software.

Se impari il concetto, lo puoi adattare anche su programmi con fogli di calcolo e, volendo, puoi costruirti il controllo da solo, senza acquistare software costosi, che spesso sono standard per tutti.

Quando poi le dimensioni dell'azienda o altri fattori ti suggeriscono che occorre un software di controllo gestionale, al fine di avere dei buoni programmi che ti servano veramente, devi adattare questi alle tue esigenze, e non il contrario (il vestito deve esserti fatto su misura). È per questo che suggerisco Excel, con cui puoi costruire dei piccoli programmi che sono veramente utili per il controllo di gestione.

Il primo strumento che vedrai subito nella pratica è, come l'ho chiamato, lo "scadenziario parlante", ovvero un mix di scadenze per verificare la gestione finanziaria e registrazioni di costi e ricavi per verificare la gestione economica.

Si possono aggiungere colonne e, grazie all'utilizzo dei filtri previsti dal programma, puoi avere una specie di piccolo database che ti permette di inserire e interrogare i dati utili per tenere sotto controllo l'azienda.

In esso puoi trovare:

- cliente per cliente: importi scadenze, ricavi, residui crediti da incassare;
- fornitore per fornitore: importi scadenze, ricavi, residui debiti da pagare;
- tipologia di costo o di ricavo;
- costi e ricavi mensili e giornalieri;
- IVA;
- reparto di appartenenza;
- commessa di appartenenza.

Tutto questo con registrazioni molto facili che non richiedono di essere a conoscenza delle tecniche ragionieristiche. In sostanza questo sistema nasce per chi, come me, non è un tecnico software o espertissimo di Excel. Con qualche parola inserita in più (che alla fine non comporta perdite di tempo) si può raggiungere lo scopo di avere il maggior numero di informazioni utili possibile.

Come applicare la "lista della spesa" e la "chiave di accensione"

Non è nulla di complicato e, soprattutto per chi ha studiato, potrebbe apparire superfluo e scontato. **Va bene!** Ma allora perché, nella realtà delle piccole imprese, difficilmente il titolare sa se guadagna o se perde in un qualsiasi momento dell'anno, e deve aspettare i tempi del commercialista? O anche, perché a volte in banca sconfina oltre i fidi?

Questo succede poiché, a volte per mancanza di tempo, a volte pensando che c'è sempre qualcuno che ti dirà se la tua azienda va bene o meno, non si applica quello che da sempre si conosce: l'attezione alla "lista della spesa", oppure, come spesso si dice, "i conti della serva".

Per fare questo basta inserire i dati come se scrivessimo una lista della spesa. Quindi bisogna imparare a leggerli, facendo semplicemente dei calcoli e delle procedure banali, in modo tale da far quadrare i conti.

Quando parlo di questo procedimento, mi viene in mente la chiave di accensione di una macchina. Infatti, ho visto che buona parte delle persone alle quali ho insegnato questo metodo, già faceva queste cose e sapeva a grandi linee come andava la gestione aziendale. Nonostante ciò, sembrava che barcollassero nel buio poiché non riuscivano a mettere bene a fuoco i dati. Mancava loro la "chiave" per accendere l'interruttore, per assemblare le idee e avere, in qualsiasi momento, la situazione economica finanziaria e analitica chiara.

Nella maggior parte dei casi è bastato dare loro l'input dello "scadenziario parlante", che hanno spesso rimodellato, adattandolo alle loro esigenze. Questo gli ha consentito, con piccoli accorgimenti e seguendo alcune lezioni formative, di avere un potente sistema di controllo economico.

Se applichi lo "scadenziario parlante", hai le risposte che vuoi in tempo reale. Chiaramente deve essere sempre compilato e nei tempi giusti. Inoltre non comporta neppure grossi tempi di raccolta dati, in quanto, per avere le date di scadenza dei debiti e crediti, di solito si tengono le registrazioni in ogni caso, qualsiasi sia il metodo adottato. Con questo metodo, riesci a vedere anche i debiti e i crediti che avrai scaglionati nel tempo, e quindi riesci a prevedere se i fidi che hai in banca sono necessari per fare fronte ai debiti.

Lo "scadenziario parlante" dà dei risultati che andranno poi inseriti in ulteriori schemi. Infatti, non tutti i dati che vedremo negli schemi sotto riportati sono frutto dello scadenziario. Occorre far lavorare anche i nostri consulenti, chiedendo loro i costi effettivi mensili del personale. Le spese bancarie, invece, si rilevano dall'estratto conto. Gli ammortamenti si rilevano con l'aiuto del commercialista oppure basandosi sul costo dell'anno precedente. Sempre a patto che, durante l'anno in corso, non si siano acquistati o venduti beni presenti in azienda.

A questo punto vediamo alcuni esempi di *report* frutto di questo sistema, che possono essere utilizzati per controllare la gestione economica.

Con questo schema è possibile avere una situazione riassuntiva economica mensile.

2008	gen-08	feb-08
Fatturato	€ 23.201,00	€ 24.227,00
Costi di produzione		
Acquisto Merci	-€ 12.979,00	-€ 12.583,00
Servizi Terzi	-€ 2.200,00	-€ 7.355,00
Totale costi Variabili	-€ 15.179,00	-€ 19.938,00
Costi del personale	-€ 2.000,00	-€ 2.000,00
Totale costi di produzione	-€ 17.179,00	-€ 21.938,00
MARGINE DA PRODUZIONE	€ 6.022,00	€ 2.289,00
Spese bancarie	-€ 200,00	-€ 50,00
Spese di consulenza	-€ 250,00	-€ 350,00
Spese di struttura	-€ 400,00	-€ 400,00
Spese generali	-€ 100,00	-€ 100,00
Spese cancelleria	-€ 440,00	
Ammortamenti	-€ 300,00	-€ 300,00
Totale Costi Fissi	-€ 1.690,00	-€ 1.200,00
TOTALE COSTI	-€ 18.869,00	-€ 23.138,00
UTILE FINALE LORDO	€ 4.332,00	€ 1.089,00

Puoi anche avere la situazione di uno o più reparti:

2008	gen-08		feb-08	
REPARTO F				
Fatturato	€	8.340,00	€	16.065,00
Costi di produzione				
Acquisto Merci	-€	8.000,00	-€	8.560,00
Servizi Terzi			-€	1.034,00
Totale costi variabili	-€	8.000,00	-€	9.594,00
Costi del personale	-€	2.200,00	-€	2.100,00
Totale costi di produzione	-€	10.200,00	-€	11.694,00
MARGINE DA PRODUZIONE	-€	1.860,00	€	4.371,00
Spese bancarie	-€	100,00	-€	25,00
Spese di consulenza	-€	125,00	-€	175,00
Spese di struttura	-€	200,00	-€	200,00
Spese generali	-€	50,00	-€	50,00
Spese cancelleria	-€	220,00		
Ammortamenti	-€	150,00	-€	150,00
Totale costi fissi	-€	845,00	-€	600,00
TOTALE COSTI	-€	11.045,00	-€	12.294,00
UTILE FINALE LORDO REP.F	-€	2.705,00		€ 3.771,00

È fondamentale renderti conto, nel corso dell'anno, se la tua azienda o un suo ramo è redditizio al fine di competere nel mondo moderno. Grazie allo "scadenziario parlante" puoi osservare poi i debiti e i crediti e puoi gestire anche la situazione finanziaria.

A questo punto devi cominciare a creare uno scadenziario per tenere traccia di tutti i debiti e crediti che nascono nell'azienda, così come dei costi e dei ricavi. Apri un foglio di calcolo dentro il quale inserisci lo scadenziario attivo e in un altro foglio quello passivo.

SEGRETO n. 1: Individua quali sono i controlli fondamentali che ti servono con la funzione di "chiave", e adattali alla tua impresa.

Come utilizzare lo scadenziario parlante per amministrare anche senza essere tecnici: la registrazione dell'attivo

Attivo											
Cliente	Data doc.	Mese fattura	Fattura n°	Scadenza	Imponibile	IVA	Totale IVA	Importo totale	Importo incassato	Importo Residuo	Incassato si/no
A1	31/01/08	gennaio	1	31/03/08	€ 28.100,00	20%	€ 5.620,00	€ 33.720,00	€ 20.000,00	€ 13.720,00	PARZ
A2	01/02/08	gennaio	2	30/04/08	€ 5.692,10	20%	€ 1.138,42	€ 6.830,52	€ -	€ 6.830,52	NO
A3	02/02/08	febbraio	3	30/04/08	€ 3.997,51	20%	€ 799,50	€ 4.797,01	€ -	€ 4.797,01	NO
A4	03/02/08	febbraio	4	31/05/08	€ 2.241,34	20%	€ 448,27	€ 2.689,61	€ -	€ 2.689,61	NO
A5	04/03/08	marzo	5	31/03/08	€ 5.591,39	20%	€ 1.118,28	€ 6.709,67	€ 6.709,67	€ -	SI

Nel caso di aziende che riscuotono tramite incassi immediati, il problema dello scadenziario attivo è limitato, poiché la maggior parte degli acquirenti paga al momento del ritiro del prodotto/servizio.

Registra quindi nome cliente, data del documento, mese di nascita della fattura, numero fattura, scadenza, imponibile, IVA e importo totale fattura (questo importo viene calcolato automaticamente, una volta impostate con le formule di riferimento).

Apri lo scadenziario e inizia a registrare le fatture attive: nel caso di corrispettivi l'importante è inserire l'importo alla fine di ogni mese, per arrivare a uno schema della stagionalità. Essa è molto rilevante per definire le strategie future, sia per prevedere i futuri budget economici che per la previsione del flusso di cassa.

Prendi, per esempio, uno schema di questo tipo:

| STAGIONALITA' VENDITE | | | | | | |
MESE	2006	Incidenza	2007	Incidenza	BUDGET 2008	Incidenza
GEN	€ 40.000,00	9,6%	€ 43.600,00	10,3%	€ 47.960,00	10,4%
FEB	€ 38.000,00	9,1%	€ 29.000,00	6,8%	€ 31.900,00	6,9%
MAR	€ 28.000,00	6,7%	€ 34.000,00	8,0%	€ 33.320,00	7,2%
APR	€ 32.000,00	7,7%	€ 31.360,00	7,4%	€ 34.496,00	7,5%
MAG	€ 41.000,00	9,9%	€ 44.690,00	10,5%	€ 49.159,00	10,7%
GIU	€ 29.000,00	7,0%	€ 31.610,00	7,4%	€ 34.771,00	7,6%
LUG	€ 31.000,00	7,5%	€ 31.310,00	7,4%	€ 34.441,00	7,5%
AGO	€ 42.000,00	10,1%	€ 41.160,00	9,7%	€ 45.276,00	9,8%
SET	€ 34.000,00	8,2%	€ 34.340,00	8,1%	€ 37.774,00	8,2%
OTT	€ 29.000,00	7,0%	€ 28.420,00	6,7%	€ 27.851,60	6,0%
NOV	€ 27.000,00	6,5%	€ 27.270,00	6,4%	€ 29.997,00	6,5%
DIC	€ 45.000,00	10,8%	€ 48.600,00	11,4%	€ 53.460,00	11,6%
TOT	€ 416.000,00	100,0%	€ 425.360,00	100,0%	€ 460.405,60	100,0%

Per facilitare la lettura è opportuno affiancare ad esso un grafico come per esempio:

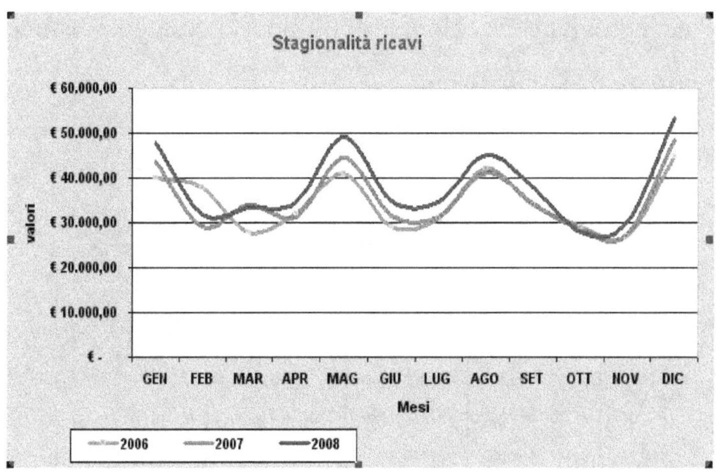

Nel primo step inserisci le fatture. Una volta immesse le scadenze ti fermi. Successivamente, al momento del pagamento, inserisci l'importo riscosso. Rimarrà quindi il residuo zero, oppure il parziale ancora da riscuotere.

Mese fattura	Imponibile		Totale IVA		Importo totale		Importo riscosso		Importo Residuo		incassato si/no
FEBB	€	1.000,00	€	200,00	€	1.200,00	€	1.200,00	€	-	SI
FEBB	€	4.000,00	€	800,00	€	4.800,00	€	2.400,00	€	2.400,00	parziale
FEBB	€	1.500,00	€	300,00	€	1.800,00	€	-	€	1.800,00	NO

Puoi anche evitare la colonna dell'importo residuo, sostituendo con: incassato sì, oppure no.

Importo totale € 5.700,00			
Importo totale da riscuotere	Data scad.	Tipo pagamento	Incassato si/no
€ 1.000,00	31/03/2008	bonifico	si
€ 2.000,00	31/03/2008	rimessa diretta	no
€ 1.400,00	31/03/2008	bonifico	si
€ 1.300,00	31/03/2008	ri.ba	no

Nell'esempio vedi un totale crediti, ma se lo filtri puoi subito verificare a quanto ammonta il totale riscosso e quanto quello non incassato, basta filtrare laddove c'è scritto "incassato sì/no". Esempio:

Importo totale € 2.400,00			
Importo totale da riscuotere	Data scad.	Tipo pagamento	Incassato si/no
€ 1.000,00	31/03/2008	bonifico	si
€ 1.400,00	31/03/2008	bonifico	si

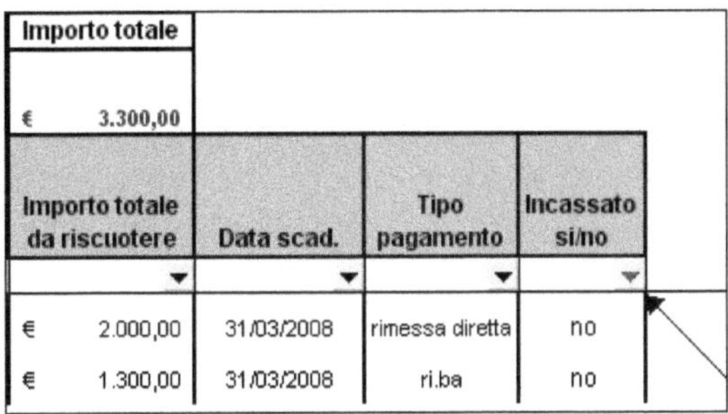

Importo totale				
€ 3.300,00				
Importo totale da riscuotere	Data scad.	Tipo pagamento	Incassato si/no	
▼	▼	▼	▼	
€ 2.000,00	31/03/2008	rimessa diretta	no	
€ 1.300,00	31/03/2008	ri.ba	no	

Ma cosa sono i filtri?

I filtri consentono di effettuare una selezione dei dati da visualizzare nella pagina (esempio scadenze, reparti, mesi di fatturazione, tipologia di spesa ecc.). Nel momento in cui si usa il comando "Filtro automatico", a destra della colonna nell'elenco filtrato si evidenziano le frecce corrispondenti. Per usare questa funzionalità è essenziale che nelle tabelle da filtrare non vi siano righe o colonne vuote. Occorre prima selezionare le righe dove si vuole inserire il filtro:

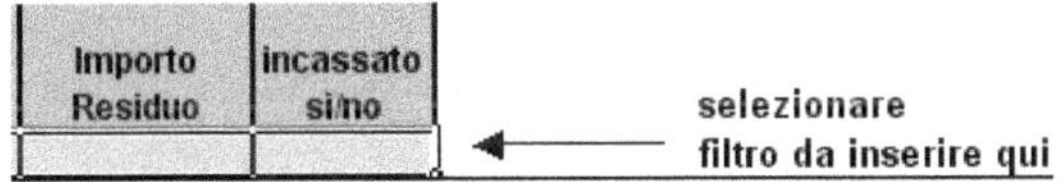

poi selezionare "Dati", in seguito "Filtro" e poi "Filtro automatico".

Per attivare i filtri occorre:

- cliccare sulla freccia messa in evidenza ;

- selezionare uno dei sistemi di filtraggio come appare nella figura sottostante:

    (Tutto) per visualizzare tutti i dati

    (Primi 10...) per visualizzare le prime dieci righe del foglio

    (Personalizza) per inserire a mano un sistema di filtraggio

Scegliere uno dei valori successivi per fare un filtraggio su quel valore.

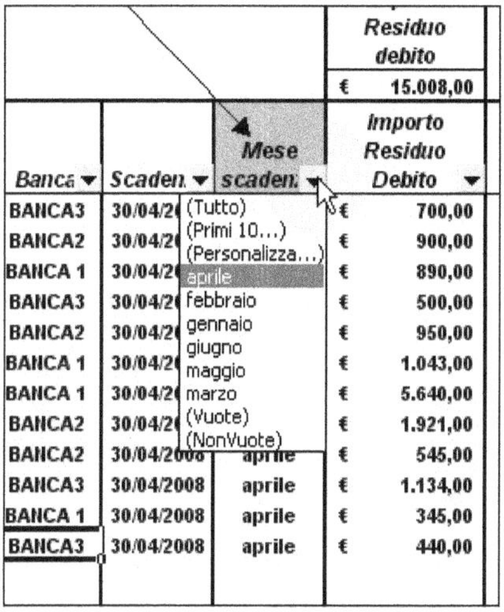

			Residuo debito
			€ 15.008,00

Banca ▼	Scaden. ▼	Mese scaden. ▼	Importo Residuo Debito ▼
BANCA3	30/04/2(	(Tutto)	€ 700,00
BANCA2	30/04/2(	(Primi 10...)	€ 900,00
BANCA 1	30/04/2(	(Personalizza...)	€ 890,00
BANCA3	30/04/2(	aprile	€ 500,00
BANCA2	30/04/2(	febbraio	€ 950,00
BANCA 1	30/04/2(	gennaio	€ 1.043,00
BANCA 1	30/04/2(	giugno	€ 5.640,00
BANCA2	30/04/2(	maggio	€ 1.921,00
BANCA2	30/04/2(	marzo	€ 545,00
BANCA3	30/04/2008	(Vuote)	€ 1.134,00
BANCA 1	30/04/2008	(NonVuote)	€ 345,00
BANCA3	30/04/2008	aprile	€ 440,00

Ritornando al nostro scadenziario, c'è da notare che con questi semplici inserimenti hai messo sotto controllo, oltre alle scadenze, anche il fatturato e l'IVA a debito da versare periodicamente allo Stato, calcolabile per differenza con quella a credito che si troverà sugli acquisti.

Per la situazione finanziaria è molto importante sapere tale importo in anticipo (anche se non sei in grado di saperlo esattamente, visto che probabilmente non sei commercialista ed è difficile conoscere tutte le regole fiscali). Però, se ti impegni, riuscirai sicuramente ad arrivare a buoni risultati. Quindi, senza aspettare le tempistiche per l'elaborazione precisa che ti farà lo studio professionale, puoi intanto avere un'indicazione. Questo non vuol dire che va bene commettere degli errori, però, essendo la tua una contabilità interna, puoi permetterti un certo grado di approssimazione.

Cioè quando so, per esempio, che al 16 del mese successivo ho da pagare all'incirca 10.000€ di IVA e mi preparo ad avere i soldi nei tempi giusti, anche se dal conteggio preciso del commercialista viene fuori che l'IVA da pagare è 10.320€, ho fatto del bene alla mia azienda in quanto mi sono preventivamente preparato ad affrontare la situazione nel modo giusto.

È una caratteristica delle menti istruite accontentarsi del grado d'esattezza consentito dalla natura dell'argomento e non cercare l'esattezza laddove solo l'approssimazione è possibile.
Aristotele

Lo "scadenziario parlante" che abbiamo visto sino adesso è equivalente ad avere uno scadenziario cartaceo, di quelli che si possono ancora acquistare nelle cartolerie. Quindi finora non ho mostrato ancora niente di innovativo. Ma andiamo avanti!

Potrebbe esserci l'obiezione: «Ma come mai, visto che c'è la data dei documenti, richiedi anche il mese fattura?»

Questo l'ho inserito appositamente per poter continuare con i nostri controlli in maniera veloce. È inoltre utile per poter fare alcuni riscontri, per esempio utilizzando tabelle pivot. Esse sono, come specificato nel sito http://www.microsoft.com, un potente strumento di analisi dei dati che permette di conseguire prospetti di sintesi partendo da database anche molto complicati. Le tabelle pivot danno facoltà di cambiare la collocazione dei campi in una frazione di secondo, per vedere le informazioni in un'altra prospettiva, magari invertendo righe con colonne o inserendo un campo come pagina e così via.

Per utilizzarle devi partire da "Dati", poi "Rapporto tabella pivot" e poi cliccare su "Avanti":

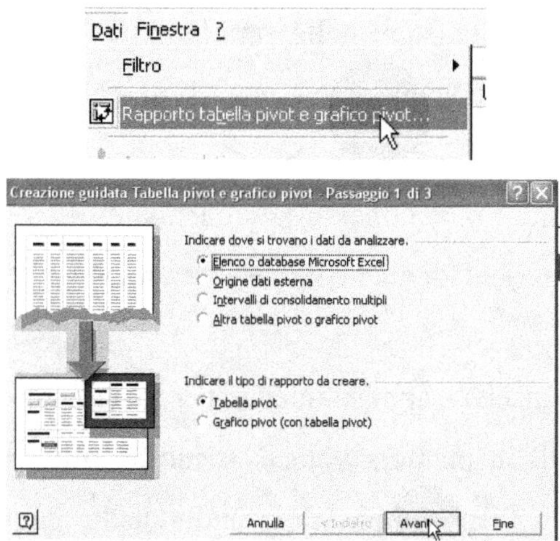

In seguito devi evidenziare la parte sulla quale interessa creare la tabella:

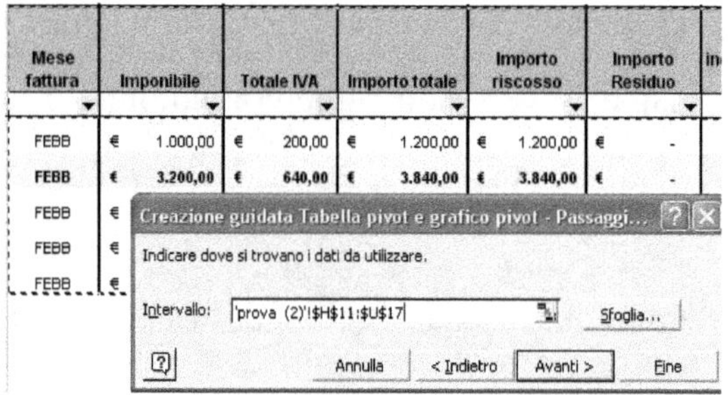

Una volta evidenziata la tabella devi scegliere "Avanti" e a questo punto c'è da costruire la tabella in layout, trasportando da destra a sinistra i campi che ti interessa vedere.

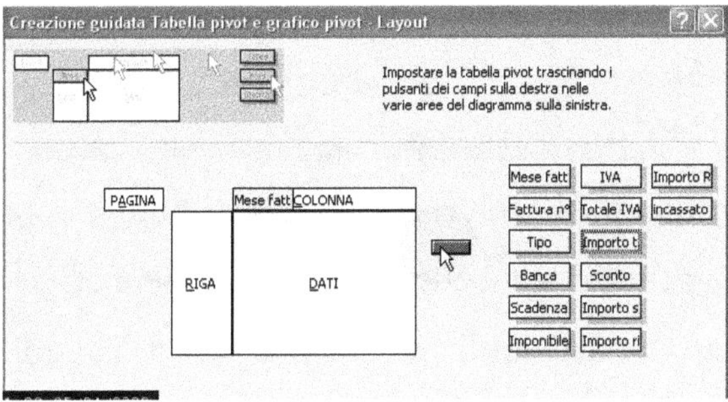

A questo punto occorre andare avanti e scegliere il modello che vuoi utilizzare:

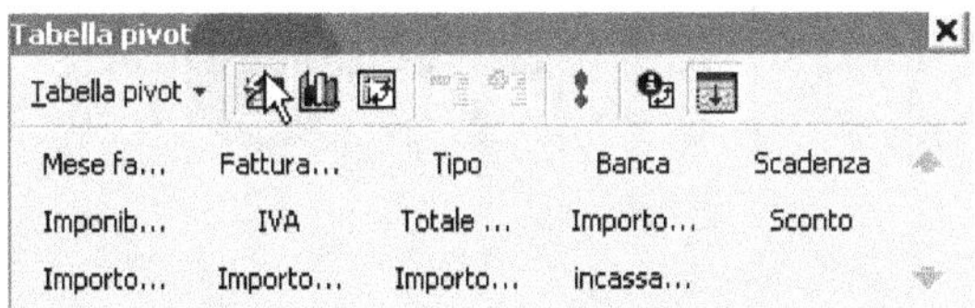

Ecco un esempio di modello:

Imponibile		Mese fattura ▼		
Fornitore ▼	REPARTO ▼	gennaio	febbraio	Totale complessivo
A	F		1221,5	1221,5
Totale A			1221,5	1221,5
B	F	2500		2500
	L		962	962
Totale B		2500	962	3462
C	F	1900	2312	4212
	L		192	192
Totale C		1900	2504	4404
D	F	400	100	500
	L	2300	112	2412
Totale D		2700	212	2912
E	F	4000		4000
Totale E		4000		4000
Totale complessivo		11100	4899,5	15999,5

Volendo affinare il controllo, laddove può essere richiesto impostando i filtri e le tabelle pivot, ti puoi permettere di inserire e interrogare i dati utili per tenere sotto controllo reparti, commesse, lavorazioni.

La registrazione del passivo

PASSIVO														
Fornitore	Rep.	Data doc.	Mese fattura	Fattura n°	Tipo Pagamento	Banca	Scadenza	Mese scadenza	Imponibile	IVA	Importo totale	Importo Pagato	Importo Residuo	Pagato si/no
A	B	26/01/2008	gennaio	124	RID	BANCA 1	31/03/2008	marzo	€ 100,00	€ 20,00	€ 120,00	€ 120,00	€ -	SI
B	B	27/01/2008	gennaio	32	R.B.	BANCA1	31/03/2008	marzo	€ 200,00	€ 40,00	€ 240,00	€ 240,00	€ -	SI
A	A	28/01/2008	gennaio	321	R.B.	BANCA2	30/04/2008	aprile	€ 150,00	€ 30,00	€ 180,00	€ -	€ 180,00	NO
B	AB	31/01/2008	gennaio	11	R.B.	BANCA3	31/05/2008	maggio	€ 100,00	€ 20,00	€ 120,00	€ -	€ 120,00	NO
B	A	31/01/2008	gennaio	108	R.B.	BANCA4	31/03/2008	marzo	€ 180,00	€ 36,00	€ 216,00		€ 216,00	NO

Registra ogni fattura e ogni ricevuta che comportano un costo e avrai come risultato lo schema sopra riportato:

- scadenziario – per sapere quando e in quale banca abbiamo da pagare i vari debiti;

- IVA mensile – come già spiegato per l'attivo;

- imponibile mensile (o comunque costo mensile) – per controllare la redditività dell'azienda mensilmente, oltre la redditività dei vari reparti in un dato periodo, oppure l'ammontare degli acquisti, dei residui debiti e dei debiti pagati;

- si può vedere fornitore per fornitore l'imponibile, la cifra pagata o il restante da pagare;

- se vogliamo essere ancora più precisi, basta inserire un'altra colonna e si possono vedere le tipologie di costo in maniera da iniziare anche un controllo di contabilità analitica interna. In questo modo è possibile sapere esattamente dove sono andati i nostri acquisti, per quale reparto o lavorazione.

Per esempio, il fornitore "A" ci ha fornito merce per il reparto B; il fornitore "B", invece, ci fornisce servizi per il reparto "A" e così via. Inserisco un esempio di *report* filtrato tramite il quale si vuol sapere quanta merce ha fornito "A" e quanta ne ha fornita "B".

PASSIVO

Fornitore	Tipo Costo	Rep.	Data doc.	Mese fattura	Fattura n°
A	merce	B	26/01/2008	gennaio	124
A	merce	A	28/01/2008	gennaio	321

PASSIVO					
Fornitore	Tipo Costo	Rep.	Data doc.	Mese fattura	Fattura n°
B	merce	A	31/01/2008	gennaio	108

SEGRETO n. 2: Fai parlare i dati per costruirti un controllo col tuo linguaggio.

Le proiezioni finanziarie

Se non sapete dove state andando,

probabilmente finirete da qualche altra parte

Laurence Peter

La gestione finanziaria ha due compiti precisi:

- reperire i mezzi necessari (prevedere la gestione entrate/uscite nel breve periodo);

- misurare le conseguenze finanziarie di ogni operazione dell'azienda (valutare gli investimenti con un business plan e con pianificazioni finanziarie per la verifica dei lunghi periodi).

Il primo compito comporta la gestione di un flusso di cassa elaborato in base a entrate e uscite previste nel breve termine e la gestione degli affidamenti concessi dalle banche.

Il secondo è una vera e propria azione di pianificazione e controllo, proiettata nel tempo (piano finanziario) che, correlato alla strategia economica dell'impresa, ti fa rendere conto di come ti indirizzerai da un punto di vista finanziario e di quali e quante fonti di finanziamento avrai bisogno.

Trattandosi di previsione, può succedere che alcuni importi possano cambiare. Probabilmente, però, ci si avvicinerà molto al saldo preventivato.

Comunque, se succedono degli imprevisti, con dei semplici accorgimenti ti puoi preparare a organizzarti in qualsiasi situazione. Questo permette di affrontare con più tranquillità l'immediato futuro o comunque a prepararti ad affrontarlo con cognizione.

Per esempio, consideriamo il caso in cui un incasso potrebbe non avvenire. Se lo prevediamo in tempo, possiamo andare in banca a richiedere in anticipo un extra finanziamento a breve termine sul conto corrente oppure un extrafido autorizzato, per fronteggiare la situazione.

Azienda		Fidi c.c.ordinario		
	Banca 1	€ 30.000,00		
		Entrate	Uscite	Saldi
gen-08				
	SALDO INIZIALE			€ 1.000,00
04-gen	Leasing		-€ 600,00	€ 400,00
09-gen	Entrate previste	€ 6.000,00		€ 6.400,00
10-gen	Riba da pagare		-€ 4.000,00	€ 2.400,00
10-gen	Stipendi		-€ 3.000,00	-€ 2.000,00
	Spese impreviste		-€ 150,00	-€ 2.150,00
16-gen	Contributi		-€ 1.800,00	-€ 3.950,00
17-gen	Enel		-€ 200,00	-€ 4.150,00
17-gen	Telefoni		-€ 300,00	-€ 4.450,00
28-gen	Entrate previste	€ 6.000,00		€ 1.550,00
28-gen	Giroconto da Banca 2	€ 3.000,00		€ 4.550,00
31-gen	Rata finanziamento		-€ 1.000,00	€ 3.550,00
31-gen	Affitto Magazzino		-€ 700,00	€ 2.850,00
31-gen	Entrate previste	€ 6.000,00		€ 8.850,00
31-gen	Debiti da pagare		-€ 15.500,00	-€ 6.650,00
feb 08				-€ 6.650,00
04-feb	Leasing		-€ 600,00	-€ 7.250,00
04-feb	Entrate previste	€ 5.000,00		-€ 2.250,00
10-feb	Stipendi		-€ 3.000,00	-€ 5.250,00
	Spese impreviste		-€ 150,00	-€ 5.400,00
16-feb	Contributi		-€ 1.500,00	-€ 6.900,00
16-feb	Enel		-€ 200,00	-€ 7.100,00
16-feb	Telefoni		-€ 300,00	-€ 7.400,00
17-feb	Entrate previste	€ 8.000,00		€ 600,00
28-feb	Rata finanziamento		-€ 1.000,00	-€ 400,00
28-feb	Affitto Magazzino		-€ 700,00	-€ 1.100,00
28-feb	Entrate previste	€ 6.000,00		€ 4.900,00

Questa è una traccia che andrebbe sempre fatta e aggiornata almeno 1-2 volte al mese, tramite la quale si possono inserire entrate e uscite previste.

La proiezione del flusso di cassa pluriennale

Se vuoi affinare le tue programmazioni, occorre fare una pianificazione del flusso di cassa che abbraccia un periodo minimo di tempo, dai sei mesi a un anno, ma può essere anche pluriennale. Questa pianificazione permette di avere una visione futura di come potrebbe essere l'andamento della liquidità, e quindi di quanto fabbisogno di fonti di finanziamento necessiti.

Questo strumento si rivela molto utile quando ci sono da prendere decisioni su iniziative da intraprendere o anche sugli acquisti da effettuare, come per esempio per le aziende caratterizzate dalle stagionalità.

I passi da compiere sono:
- costruzione di un budget economico;
- passaggio alla costruzione della pianificazione finanziaria ripartendo mensilmente le entrate e uscite.

Per la costruzione del budget economico si prendono in considerazione i budget di acquisto (ordini da fare ai fornitori). Se gli acquisti sono già stati effettuati, si utilizzano invece gli ordinativi eseguiti e si fa la pianificazione annua.

Consideriamo ora un caso reale, per esempio nel settore abbigliamento. In questo caso la pianificazione finanziaria fa sì che, al momento degli acquisti (di solito 6-9 mesi prima della consegna e 9-12 mesi prima del pagamento), si sa se, con i nostri flussi finanziari preventivi in base al budget economico, siamo in grado di affrontare la situazione finanziaria. In questo modo è possibile valutare se è opportuno richiedere nuovi affidamenti in banca. Se invece gli eventi, per vari motivi, non vanno come dovrebbero, occorre prepararsi ad affrontare la situazione con delle promozioni particolari e bisogna comunque avere la copertura finanziaria.

Mi è capitato anche di aver consigliato di bloccare gli acquisti. Infatti questo strumento aiuta anche a ridurre e smaltire le rimanenze di magazzino.

Facendo le simulazioni nei tempi giusti, ho potuto rendermi conto che, se l'impresa in questione avesse acquistato più di quanto preventivato, per avere una sicurezza finanziaria, avrebbe dovuto vendere molto più del normale per coprire le extrascorte.

Infatti la Direzione, facendo un'analisi del suo mercato di riferimento, ha capito che, nel caso in cui la clientela non fosse aumentata o l'azienda non avesse accresciuto il valore delle vendite in maniera significativa, avrebbe potuto ritrovarsi ad avere un magazzino troppo "gonfio". Di conseguenza avrebbe dovuto ricorrere successivamente a vendite a prezzi stracciati o a svalutazioni di magazzino. Grazie alla valutazione preventiva ha ridimensionato gli acquisti.

Come è possibile che la liquidità diminuisca con l'aumentare del fatturato?

Pur apparendo assurdo e contraddittorio, nei settori tradizionali la liquidità diminuisce con l'aumentare del fatturato. Infatti si è visto fin troppo spesso che i crediti verso clienti non vengono saldati con la prontezza che occorre per pagare i debiti verso fornitori. La redditività si riduce con l'assunzione di altro personale. Occorre altro spazio per gli uffici e i depositi, aumenta il carico amministrativo e aumentano i costi fissi. Le aziende che utilizzano i magazzini, per aumentare le vendite presumibilmente hanno la necessità di un maggiore approvvigionamento di merce, di conseguenza aumenteranno i debiti con i fornitori. **È un processo inevitabile.**

Quindi, chi punta all'espansione, deve generare utili e soprattutto provvedere al "finanziamento dell'espansione". È per questo che c'è l'esigenza di un piano finanziario, o per lo meno di tenere sotto controllo l'azienda con budget.

Per una nuova azienda, o per una ditta in crescita, il controllo del flusso di cassa può fare veramente la differenza tra il successo e l'insuccesso, così come per un'impresa già avviata può fare la differenza tra lo sviluppo e la stasi aziendale.

SEGRETO n. 3: nel momento della crescita l'azienda deve generare utili, e provvedere al "finanziamento dell'espansione".

Vantaggi del controllo del flusso di cassa

La previsione del flusso di cassa mostra quando devono avvenire i pagamenti e gli incassi. Si può disporre quindi in tempo al fabbisogno di liquidità, liberandosi così delle snervanti ricerche di finanziamenti dell'ultimo minuto.

Il suo esame ti dà un vantaggio in termini di tempo. Infatti, conoscendo in anticipo la consistenza della liquidità che avrai a disposizione, sarai in grado di prepararti con tranquillità. Il tuo obiettivo dovrebbe essere non solo quello di vendere, ma anche quello creare utili e avere buona liquidità. Infatti, se non si riesce ad aumentare le vendite trasformandole in utile e denaro contante, crescono anche le difficoltà.

Ricordati sempre che ciò che conta è la moneta incassata e non le vendite effettuate.

Quando pronuncio questa frase spesso vedo delle facce dubbiose. Eppure questa affermazione nasce dal fatto che un'azienda potrebbe vendere, guadagnare ma non incassare, e di conseguenza pagare anche IVA e imposte su vendite non riscosse, fermo restando che deve comunque pagare i fornitori. Quindi secondo te:

- possono esistere imprese in utile che hanno uscite superiori alle entrate?

- E imprese in perdita che hanno entrate superiori alle uscite?

Prova a dare una risposta.

La risposta in entrambi i casi è: **SÌ**.

Un'azienda può subire delle perdite e se è liquida può andare avanti tranquillamente, anche se, non guadagnando, alla lunga non potrà far fronte alle uscite.

SEGRETO n. 4: L'importante è monetizzare i guadagni. Non serve lavorare, vendere e non incassare.

Come viene fatta la previsione di cash flow

La pianificazione dei flussi previsionali di cassa può essere effettuata sia per imprese che devono ancora nascere che per aziende esistenti. Essa viene effettuata inserendo una parte dei dati reali e una parte di dati preventivati, immettendoli mese per mese, come illustrato nella figura sotto.

Possiamo notare che dobbiamo partire da un saldo iniziale, inserire poi il totale delle entrate mensili e quindi fare la somma tra totale entrate e saldo. In questo modo otteniamo la disponibilità di cassa.

PIANIFICAZIONE FINANZIARIA					
	gen-08	feb-08	mar-08	apr-08	mag-08
Saldo iniziale di cassa	€ 45.000,00	€ 2.217,37	€ 4.145,03	-€ 18.928,10	-€ 13.801,23
Entrate da crediti per Vendite con IVA	€ 41.590,50	€ 55.000,00	€ 76.000,00	€ 100.000,00	€ 96.000,00
Mutui o finanziamenti					
Totale Entrate	€ 41.590,50	€ 55.000,00	€ 76.000,00	€ 100.000,00	€ 96.000,00
Totale disponibilità di cassa	€ 86.590,50	€ 57.217,37	€ 80.145,03	€ 81.071,90	€ 82.198,77
Uscite di Cassa					
Debiti vs fornitori preventivati	€ -	€ -	-€ 24.000,00	-€ 65.000,00	-€ 55.000,00
Debiti vs fornitori già in scadenziario	-€ 60.000,00	-€ 30.000,00	-€ 50.000,00	-€ 6.000,00	
Costi amministrativi	-€ 200,00	-€ 200,00	-€ 200,00	-€ 200,00	-€ 200,00
Assicurazioni	-€ 1.200,00				
Spese generali	-€ 700,00	-€ 700,00	-€ 700,00	-€ 700,00	-€ 700,00
Costi Servizi Terzi	-€ 800,00	-€ 700,00	-€ 500,00	-€ 500,00	-€ 500,00
Spese di struttura	-€ 500,00	-€ 500,00	-€ 500,00	-€ 500,00	-€ 500,00
Consulenze	-€ 583,33	-€ 583,33	-€ 583,33	-€ 583,33	-€ 583,33
Postali	-€ 60,00	-€ 60,00	-€ 60,00	-€ 60,00	-€ 60,00
Affitti passivi	-€ 1.229,80	-€ 1.229,00	-€ 1.229,80	-€ 1.229,80	-€ 1.229,80
Personale C/retribuzioni	-€ 8.000,00	-€ 8.000,00	-€ 8.000,00	-€ 9.000,00	-€ 8.000,00
Interessi ed oneri bancari	-€ 200,00	-€ 200,00	-€ 2.400,00	-€ 200,00	-€ 200,00
Spese Varie	-€ 200,00	-€ 200,00	-€ 200,00	-€ 200,00	-€ 200,00
INPS/IRPEF	-€ 2.700,00	-€ 2.700,00	-€ 2.700,00	-€ 2.700,00	-€ 2.700,00
Imposte e Tasse- acconti					
Leasing	-€ 1.200,00	-€ 1.200,00	-€ 1.200,00	-€ 1.200,00	-€ 1.200,00
Rata finanziamento BANCA 1	-€ 3.800,00	-€ 3.800,00	-€ 3.800,00	-€ 3.800,00	-€ 3.800,00
Prelevamento Titolare	-€ 3.000,00	-€ 3.000,00	-€ 3.000,00	-€ 3.000,00	-€ 3.000,00
Totale uscite di Cassa	-€ 84.373,13	-€ 53.072,33	-€ 99.073,13	-€ 94.873,13	-€ 77.873,13
Saldo di cassa/disavanzo	€ 2.217,37	€ 4.145,03	-€ 18.928,10	-€ 13.801,23	€ 4.325,63
Autofinanziamento/finanziamenti					
Saldo di cassa finale	€ 2.217,37	€ 4.145,03	-€ 18.928,10	-€ 13.801,23	€ 4.325,63
Saldo finale	gen-08	feb-08	mar-08	apr-08	mag-08

Successivamente, con l'aiuto del budget economico a tutte le spese, si deve pensare ai debiti che abbiamo e inserirli nelle caselline per ogni mese. Ci sono alcune uscite che si hanno soltanto in alcuni periodi dell'anno, come per esempio il pagamento delle imposte e tasse. Ad esempio, di solito, esse avvengono a rate tra luglio e novembre e, a novembre, devi contare l'acconto imposte quindi l'importo aumenta; hai poi l'acconto IVA al 27 dicembre di ogni anno; poi puoi trovare le assicurazioni che di solito si pagano con rata annua o semestrale, oppure spese generali che si saldano, per esempio, una volta all'anno come il bollo dell'auto. La somma tra disponibilità di cassa e uscite mensili dà il saldo finale di cassa mensile, che dovrà essere riportato come saldo iniziale nel mese successivo e così via. Si può andare avanti per tutti i mesi che si vuole.

Di solito consiglio al massimo 36 mesi, poiché in un mondo che cambia rapidamente come quello odierno, si rischia di fare conteggi fantascientifici.

Comunque, in caso di normalità (cioè senza investimenti particolari, o operazioni straordinarie), è già molto buono fare queste pianificazioni per 12-18 mesi, e periodicamente controllarle.

Dallo schema sopra riportato si può notare che per i mesi di marzo e aprile bisogna provvedere alla copertura dello scoperto che ci sarà per le uscite maggiori alla disponibilità.

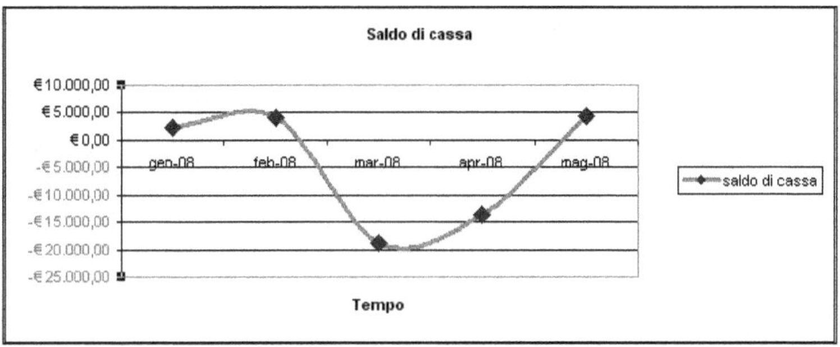

A questo punto bisognerà provvedere anticipatamente chiedendo alla Banca una copertura, oppure spostando il pagamento dei debiti laddove si può, o ancora provvedere alla copertura con appositi finanziamenti di titolare o soci, ma questa è la soluzione logicamente più odiata dai proprietari di impresa.

SEGRETO n. 5: Programmare e pianificare in continuazione abbracciando sia periodi brevi che periodi pluriennali.

RIEPILOGO DEL PASSO 1:

- SEGRETO n. 1: Individua quali sono i controlli fondamentali che ti servono con la funzione di "chiave", e adattali alla tua impresa.

- SEGRETO n. 2: Fai parlare i dati per costruirti un controllo col tuo linguaggio.

- SEGRETO n. 3: Nel momento della crescita l'azienda deve generare utili, e provvedere al "finanziamento dell'espansione".

- SEGRETO n. 4: L'importante è monetizzare i guadagni. Non serve lavorare, vendere e non incassare.

- SEGRETO n. 5: Programmare e pianificare in continuazione abbracciando sia periodi brevi che periodi pluriennali.

PASSO 2:

Come costruirsi degli indici su misura

Come si calcola l'indice di liquidità periodico?

Un controllo che io raccomando alle aziende è il controllo "dell'indice di liquidità periodico". La definizione di questo indice potrebbe sembrare una "eresia", poiché è una definizione che non appare in letteratura. Come nasce? Si prende spunto dall'indice di liquidità corrente e dall'indice di liquidità secco che si misurano dal bilancio. Precisamente:

- indice liquidità corrente = attività correnti/passività correnti;

- indice secco o *acid test* = attività correnti-scorte/passività correnti.

Il primo indica la capacità dell'impresa a fare fronte agli impegni finanziari a breve termine. Questo indice valuta anche le rimanenze come risorse finanziarie utilizzabili per far fronte ai debiti a breve. Il risultato ottimale è maggiore o uguale a 1, tendente al 2; più questo è basso, e più significa che c'è mancanza di liquidi.

Il secondo indica l'immediatezza di risorse liquide per far fronte a debiti a breve termine. Sarebbe opportuno che il valore di tale indice fosse maggiore o uguale a 1. Però ci si può accontentare anche dello 0,5, a seconda anche dei settori di attività (per esempio se il magazzino è consistente, come nel caso dei grossisti).

Detto questo, spesso non si possono aspettare i tempi dell'elaborazione del bilancio per avere i dati finanziari sotto controllo. A questo proposito, prendendo spunto dagli indici del bilancio, creiamo un indice battezzandolo "indice di liquidità periodico" e lo costruiamo ogni mese o periodicamente (il massimo da me consigliato è ogni 3 mesi).

Non troviamo in bibliografia queste indicazioni. Anzi potrebbe venire il dubbio, soprattutto ad alcuni professionisti, che questi indici (fatti nella maniera che andremo a vedere) non servano a niente, poiché non sono precisi. Quindi, vi suggerisco di non andare all'Università a dire cos'è "l'indice di liquidità periodico", perché non si sa come reagirebbero i professori. Ma nella quotidianità funziona, e magari potete chiedere loro un parere per sapere cosa ne pensano.

Io sostengo, per sperimentazione sul campo in imprese più o meno grandi, che questo è uno degli indici che l'azienda deve tenere sotto controllo. Non è richiesto che esso sia preciso al 100%, perché è valido il principio che il controllo di gestione deve essere indicativo e tempestivo, quindi non serve che sia preciso al 100%, e **lento**.

Per l'esattezza al 100% c'è il bilancio ottenuto dalla contabilità generale. Per le aziende che si possono permettere una contabilità generale interna, di solito esso viene fornito in tempi brevi. Ma per le ditte che si rivolgono a un professionista di fiducia, il bilancio o la situazione contabile provvisoria arrivano spesso in ritardo rispetto ai tempi di controllo tempestivo che di solito si prefigge la Direzione.

Prima di andare a vedere come viene calcolato questo indice, facciamo una panoramica sulle attività correnti e le passività correnti.

Attività correnti

Attività liquidabili entro breve termine, generalmente un anno, impiegate nel normale ciclo operativo dell'impresa. Nelle attività correnti esigibili entro l'anno rientrano:

- crediti commerciali verso clienti;
- crediti verso soci per versamenti ancora dovuti;
- i ratei e risconti attivi di breve scadenza;
- fatture da emettere;
- le disponibilità liquide (banche attive, assegni, cassa titoli non immobilizzati);
- altre attività finanziarie liquidabili entro l'anno;
- le rimanenze di magazzino.

I crediti verso soci per versamenti ancora dovuti sono i crediti che le società di capitali vantano nei confronti dei soci per il capitale sottoscritto, ma non ancora versato. Per quanto riguarda invece le società di persone, i crediti verso soci (prelevamento titolari) sono crediti dovuti dai titolari alla società di persone per loro prelievi. Anche se questi ultimi sono considerati nelle attività a breve, gli analisti e le banche non li considerano una voce dell'attivo, ma un prelievo del capitale netto aziendale. Infatti difficilmente i soci restituiscono il capitale preso dalle loro imprese.

Tutto ciò significa che avere crediti verso soci superiori agli utili accantonati e all'utile dell'anno in corso è da considerarsi un indice altamente negativo. Esso indica, infatti, che i soci hanno consumato il capitale dell'azienda e cioè hanno prelevato più di quanto hanno guadagnato. In questo caso l'impresa copre tutti i suoi fabbisogni e i prelevamenti dei soci, con soldi presi dalle banche che hanno concesso loro finanziamenti, aumentando fortemente il livello di rischio di insolvenza.

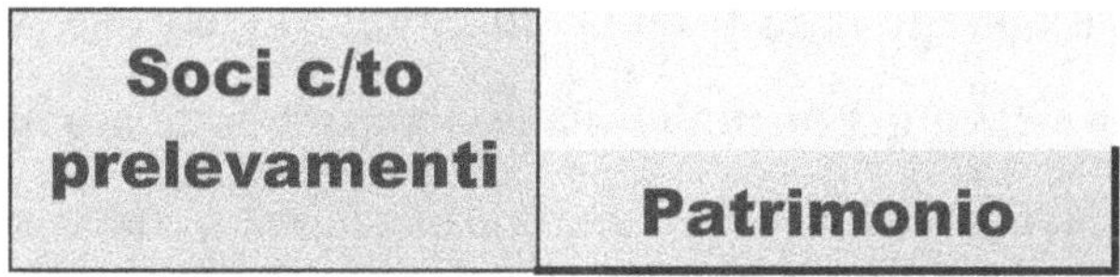

Fatta questa precisazione, nel nostro indice "creato in casa", possiamo considerare solo i crediti verso soci nel caso in cui vengano rimborsati entro l'anno, altrimenti dobbiamo far conto che non esistano. Non dovrebbero mai essere prelevati più soldi di quelli guadagnati. Sembra un'affermazione scontata, ma ti assicuro che non è così nella realtà. Infatti molti imprenditori spesso sono costretti a fare prelievi direttamente dai conti bancari affidati, senza curarsi di questo aspetto che, se non daranno una sterzata al momento giusto, li penalizzerà certamente in futuro.

Altra misura importante nel bilancio, ma difficilmente calcolata da chi non è un tecnico, sono i ratei e risconti che troviamo nei bilanci di chiusura che di solito sono calcolati tramite le scritture di integrazione e rettifica di fine anno. Presupposto necessario per la loro iscrizione in bilancio è che siano quote di proventi e costi comuni a due o più esercizi.

Un rateo è una quota di uscita o di entrata futura che indica un costo o un ricavo già maturato ma non ancora liquidato, perché la relativa manifestazione finanziaria (pagamento, riscossione) si avrà posticipatamente. Un esempio classico di rateo è il pagamento degli interessi passivi sui mutui passivi, laddove le rate semestrali vengono pagate posticipatamente.

Esempio: pagamento delle rate all'1/5 e all'1/11. Supponiamo che all'1/5 è stata pagata la rata – gli interessi maturati dall'1/11 al 31/12 sono di competenza dell'esercizio precedente mentre il resto saranno di competenza dell'anno in corso.

Per farla semplice: interessi 1200€/181 giorni (dall'1/1 al 30/4). Questo risultato deve essere moltiplicato per i giorni dei mesi di competenza. Si ottiene:

rateo passivo = 1200€/181 giorni * 61 giorni = 404,62€ quota di competenza anno precedente.

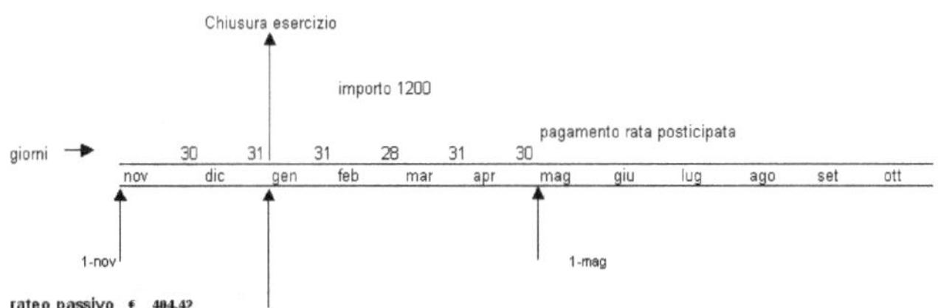

I risconti, invece, sono quote di costi o ricavi non ancora maturate, ma che hanno già avuto la loro manifestazione finanziaria. Prendiamo per esempio i canoni di affitto ipotizzando di pagarli anticipatamente. Nel conto affitti si presentano costi più alti a quelli effettivamente di competenza dell'anno in corso, quindi occorre trovare il risconto per togliere la cifra dai costi d'esercizio.

Supponendo sempre l'importo di 1200€, occorre sospendere dai costi la cifra derivante da:

risconto attivo = 1200€/181giorni * 120 giorni = 795,58 quota da togliere dai costi dell'esercizio e inserire nello stato patrimoniale.

I concetti di passivo e attivo sono rovesciati tra ratei e risconti. Il rateo inserisce parti di reddito, infatti è attivo quando indica un ricavo ed è passivo quando misura un costo. I risconti sono attivi quando riguardano la sospensione dei costi in quanto li rimandano all'esercizio successivo; sono passivi, invece, quando riguardano i ricavi poiché sospendono temporaneamente un ricavo.

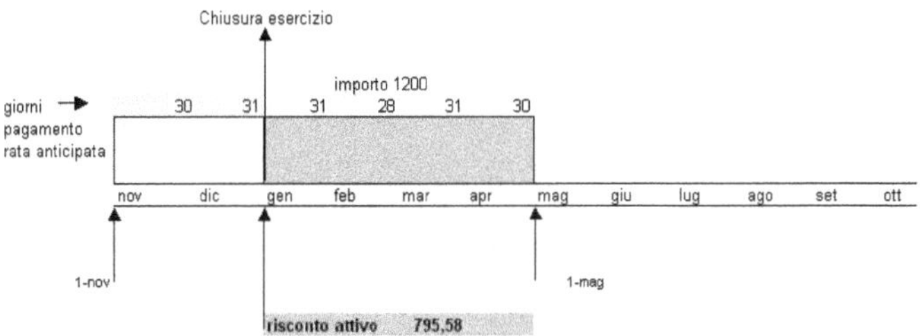

Queste misurazioni sono importanti anche quando si considerano le situazioni infrannuali, ovvero quando si valuta il risultato economico in corso dell'anno con la proiezione a fine anno. È determinante prevedere a quanto potrebbe ammontare l'importo della maturazione del rateo ferie, INPS e INAIL. In alcuni casi ho visto che erroneamente non venivano considerati i ratei dei costi del personale.

Può presentarsi una situazione contabile in utile comprensiva dei costi del personale, in cui possono mancare le rilevazioni dei ratei dei costi del personale che, se invece vengono correttamente aggiunti, possono abbassare significativamente l'utile. Attenzione quindi a ogni valutazione infrannuale: occorre accertarsi che i costi ci siano tutti, comprensivi anche dei valori che con i ratei saranno registrati effettivamente solo l'anno dopo.

Fatture da emettere e da ricevere

A cavallo tra un periodo e l'altro accade spesso che, quando ci sono vendite di merci o prestazioni di servizi, la fattura conseguente venga trasmessa successivamente. Le vendite eseguite entro la fine anno, per le quali non è ancora stata ancora emessa fattura, devono essere messe in luce, e vengono chiamate fatture da emettere.

Lo stesso concetto vale per la situazione contraria, per le fatture da ricevere per merci o servizi già acquistati, ma per i quali si deve ricevere ancora la fattura.

Passività correnti

Sono i debiti per beni e servizi ricevuti, pagabili entro l'anno:

- debiti v/fornitori;
- debiti v/banche;
- debiti v/erario;
- debiti INPS;
- debiti INAIL;
- dipendenti c/retribuzioni;
- erario c/IVA;

- ratei e risconti attivi di breve scadenza;
- fatture da ricevere.

Con le indicazioni delle voci necessarie per fare l'indice di liquidità ci accingiamo a fare il nostro conteggio periodico.

Andiamo a questo punto a rispondere alle domande che spesso gli imprenditori o amministratori fanno:

- «Cosa succede se chiudo l'azienda?»;
- «Dopo aver pagato tutti i debiti, mi rimane qualcosa?»;
- «Cosa succede ai miei debiti se vado in vacanza 6 mesi?»

L'indice che più risponde a questa domanda è l'indice di liquidità. Invece il valore derivante dalla differenza "attività correnti – passività correnti" è il margine di tesoreria, che corrisponde esattamente a quanto rimane in denaro, dopo aver pagato tutto a breve termine.

Se non hai il bilancio, come fai a rispondere in tempo utile a queste domande? Puoi utilizzare qualsiasi software, basta compilare i dati per arrivare all'indice periodico, oppure in questo caso, può essere utile lo "scadenziario parlante".

Con l'aiuto dei filtri di Excel ottieni quanti debiti hai ancora da pagare e quanti crediti da riscuotere. Inserisci quindi nello schema ogni voce richiesta.

| | | | | | | | | | | Importo Residuo debito | |
| | | | | | | | | | | € 15.008,00 | |
Descrizio ▼	Fornitore ▼	REPARTO ▼	Data do ▼	Mese fattura ▼	Fattura ▼	Tipo Pagament ▼	Banca ▼	Scaden ▼	Mese scaden ▼	Importo Residuo Debito ▼	Pagato ▼
merce	A	F	31/01/2008	gennaio	...	R.B.	BANCA3	30/04/2008	aprile	€ 700,00	no
merce	B	F	31/01/2008	gennaio	...	R.B.	BANCA2	30/04/2008	aprile	€ 900,00	no
merce	B	L	09/02/2008	febbraio	...	Bonifico	BANCA 1	30/04/2008	aprile	€ 890,00	no
merce	B	F	10/02/2008	febbraio	...	R.B.	BANCA3	30/04/2008	aprile	€ 500,00	no
merce	D	L	10/02/2008	febbraio	...	R.B.	BANCA2	30/04/2008	aprile	€ 950,00	no
merce	C	F	13/02/2008	febbraio	...	R.B.	BANCA 1	30/04/2008	aprile	€ 1.043,00	no
servizi terzi	E	F	14/02/2008	febbraio	...	R.D.	BANCA 1	30/04/2008	aprile	€ 5.640,00	no
servizi terzi	E	L	15/02/2008	febbraio	...	R.D.	BANCA2	30/04/2008	aprile	€ 1.921,00	no
merce	C	L	17/02/2008	febbraio	...	R.B.	BANCA2	30/04/2008	aprile	€ 545,00	no
merce	B	F	20/02/2008	febbraio	...	R.B.	BANCA3	30/04/2008	aprile	€ 1.134,00	no
merce	A	F	01/03/2008	marzo	...	R.B.	BANCA 1	30/04/2008	aprile	€ 345,00	no
merce	C	F	07/03/2008	marzo	...	R.B.	BANCA3	30/04/2008	aprile	€ 440,00	no

Puoi notare che lo "scadenziario parlante" ti dà varie indicazioni. Con queste ti accingi a compilare lo schema di elaborazione per l'indice di liquidità periodica che si può presentare come segue:

DATA	MESE	C-C BANCARIO ATTIVO	ALTRI CREDITI	SBF ANTICIPATO	SBF PRESENTATO	CLIENTI	CLIENTI ARRETRATI	ASSEGNI DA INCASSARE	MAGAZZINO-LAVORI IN CORSO	FATTURE DA EMETTERE	TOTALE ATTIVO
31/01/2008	GENNAIO	€ 8.000,00	€ 2.000,00	-€ 30.000,00	€ 40.000,00	€ 150.000,00	€ 10.000,00	€ 3.000,00	€ 60.000,00	€ 46.700,00	€ 289.700,00
28/02/2008	FEBBRAIO	€ -	€ 3.000,00	-€ 35.000,00	€ 38.000,00	€ 145.000,00	€ 9.000,00	€ 1.500,00	€ 55.000,00	€ 33.000,00	€ 249.500,00
31/03/2008	MARZO	€ -									
30/04/2008	APRILE	€ -									
31/05/2008	MAGGIO	€ -									
30/06/2008	GIUGNO	€ -									
31/07/2008	LUGLIO	€ -									
31/08/2008	AGOSTO	€ -									
30/09/2008	SETTEMBRE	€ -									
31/10/2008	OTTOBRE	€ -									
30/11/2008	NOVEMBRE	€ -									
31/12/2008	DICEMBRE	€ -									

DATA	MESE	C-C BANCARIO PASSIVO	DEBITI FORNITORI	ARRETRATI FORNITORI	FATTURE DA RICEVERE	DEBITI PERSONALE	DEBITI INPS-IRPEF-IVA	TOTALE PASSIVO	MARGINE TESORERIA	INDICE LIQUIDITA' PERIODICO	INDICE SECCO PERIODICO
31/01/2008	GENNAIO	€ -	€ 90.000,00	€ 28.000,00	€ 20.000,00	€ 18.000,00	€ 8.000,00	€ 162.000,00	€ 127.700,00	€ 1,79	€ 1,42
28/02/2008	FEBBRAIO	€ 1.000,00	€ 99.000,00	€ 27.000,00	€ 17.000,00	€ 15.500,00	€ 7.300,00	€ 166.800,00	€ 82.700,00	€ 1,50	€ 1,17
31/03/2008	MARZO										
30/04/2008	APRILE										
31/05/2008	MAGGIO										
30/06/2008	GIUGNO										
31/07/2008	LUGLIO										
31/08/2008	AGOSTO										
30/09/2008	SETTEMBRE										
31/10/2008	OTTOBRE										
30/11/2008	NOVEMBRE										
31/12/2008	DICEMBRE										

Per compilare lo schema occorre iniziare a inserire i saldi dei conti correnti bancari. Immetti poi nella parte dell'attivo in "Altri Crediti" i titoli a breve in portafoglio (Obbligazioni – CCT – Fondi), o crediti verso soci esigibili entro 12 mesi, oppure crediti verso erario.

Può sembrare strano che ti parlo di titoli e fondi, ma un buon consiglio (anche per addolcire i finanziatori) è quello di crearti un deposito, accantonando una piccola cifra mensile o una percentuale, come per esempio il 5% sugli anticipi che la banca ti eroga periodicamente. In questa maniera le banche ti concedono anche più volentieri il credito e ti crei un'ulteriore sicurezza per eventuali imprevisti e per probabili garanzie future.

Se hai dipendenti, tutto ciò ti può anche essere utile per accantonare cifre che vanno di pari passo all'aumentare del fondo trattamento fine rapporto. Introduci il totale anticipato SBF (Salvo Buon Fine, ovvero ricevute bancarie) col segno meno, perché è un debito, in quanto hai già utilizzato i tuoi crediti che si trovano già nel saldo bancario.

Se l'azienda utilizza il conto anticipo su fatture con il quale la banca di solito smobilizza l'80% del totale del credito riscuotibile con bonifico bancario, bisogna aggiungere nella casella l'importo anticipato.

Successivamente, nella casella dopo, puoi introdurre l'importo totale delle Ri.Ba, ricevute bancarie presentate alla banca e tutto l'ammontare delle fatture presentate all'anticipo. Si inseriscono poi i crediti verso clienti liberi da anticipo, che dovrai riscuotere con scadenza regolare, i crediti arretrati (cioè scaduti alla data dell'elaborazione) e gli assegni che hai da versare. Queste voci le ho divise per comodità e per avere sempre un segnale di quanto sono i crediti arretrati. Se invece non hai la necessità di questa divisione, puoi sommare tutto e inserire direttamente il totale clienti.

Per essere più precisi, evita di inserire quei crediti considerati ormai inesigibili ma che, per motivi contabili e giuridici, appaiono ancora nel bilancio. Infatti, quello che in un'analisi del bilancio può portare fuori strada potrebbe proprio essere la cifra dei crediti inesigibili, che fa sembrare i crediti da riscuotere più alti. In realtà, un domani, l'importo inesigibile sarà una perdita. Inserisci poi il magazzino (merci, materie in rimanenza, prodotti finiti) oppure i lavori in corso (per le aziende che effettuano lavorazioni su commessa).

Sarebbe bene avere tutto sotto controllo, ma se il magazzino o l'elaborazione del conteggio dei lavori in corso diventa un problema (soprattutto di tempo), conviene sorvolare sull'indice comprensivo di magazzino e occorre a questo punto monitorare l'indice secco o *acid test*. È importante inserire anche le fatture da emettere, se si prevede di spostare la data di fatturazione da un mese all'altro e i lavori sono già finiti (questa è una questione che riguarda principalmente le aziende di impiantistica o servizi in genere).

Una volta calcolato il totale dell'attivo corrente è il momento di trovare il passivo. Partiamo quindi dai saldi dei conti correnti bancari ordinari, se sono negativi.

Come fare: inserisci la somma dei debiti verso fornitori (possibilmente, anche qui divisi, tra debiti che avrai dalla data di scadenza in poi e debiti arretrati); introduci poi le fatture che prevedi di ricevere per merci, materie e servizi che hai avuto nel mese in corso; devi poi inserire i debiti verso il personale e successivamente quelli verso l'INPS, l'INAIL e l'Erario.

A questo punto hai il totale del passivo a breve termine e puoi, per differenza con l'attivo, trovare il margine di tesoreria. Facendo poi il rapporto tra totale attivo e totale passivo, avrai l'indice liquidità periodica e l'indice secco periodico. Monitorando gli indici almeno una volta al mese, hai subito la visione se l'azienda si sta muovendo bene, da un punto di vista di liquidità aziendale.

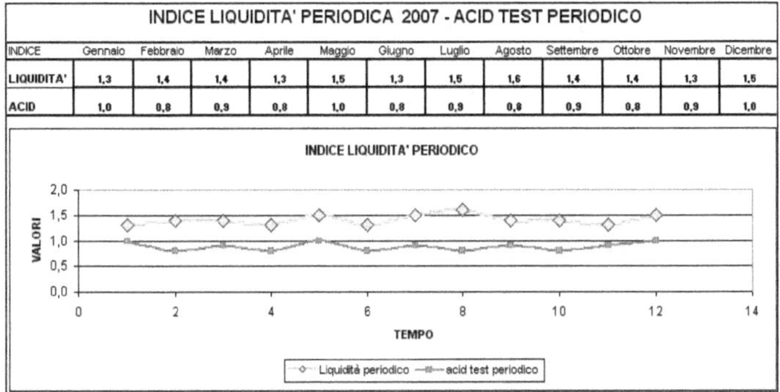

INDICE	Gennaio	Febbraio	Marzo	Aprile	Maggio	Giugno	Luglio	Agosto	Settembre	Ottobre	Novembre	Dicembre
LIQUIDITA'	1,3	1,4	1,4	1,3	1,5	1,3	1,5	1,6	1,4	1,4	1,3	1,5
ACID	1,0	0,8	0,9	0,8	1,0	0,8	0,9	0,8	0,9	0,8	0,9	1,0

SEGRETO n. 6: Adatta le tue conoscenze per fare un indice di liquidità periodico che ti permette di avere la situazione della disponibilità finanziaria sotto controllo.

Come mai c'è chi potrebbe pensare che non serve un indice così?

Perché, per esempio, mancano le quadrature di bilancio con le scritture di rettifica, quindi potrebbero mancare i dati di alcuni ratei e risconti. Inoltre i dati delle rimanenze di magazzino o dei lavori in corso, delle fatture da ricevere e delle fatture da emettere potrebbero non essere precisi. Poiché oserei chiamare questo indicatore un indice scorrevole, l'evoluzione si vede di mese in mese; questi dati (che precisi si hanno solo nei bilanci o nelle situazioni contabili infrannuali) si ripercuoteranno di mese in mese, secondo la loro naturale evoluzione. Mi spiego meglio: se un mese non inserisco nelle fatture da emettere un importo significativo, mi troverò un indice troppo differente col mese successivo, quindi occorre subito andare a vedere cosa è successo.

Da qualche anno sto sperimentando questo metodo. In alcuni casi esso ha fatto capire a me e al cliente che, per esempio, l'azienda aveva un ciclo troppo lungo tra acquisti e incassi. Un altro esempio è che, a volte, succede che il giorno in cui fai il conteggio hai liquidità, e non ti accorgi che, se non fai qualcosa, tra 6 mesi dovrai di nuovo chiedere finanziamenti. Ecco come si può presentare una situazione in cui l'azienda non riesce a fatturare nei tempi giusti.

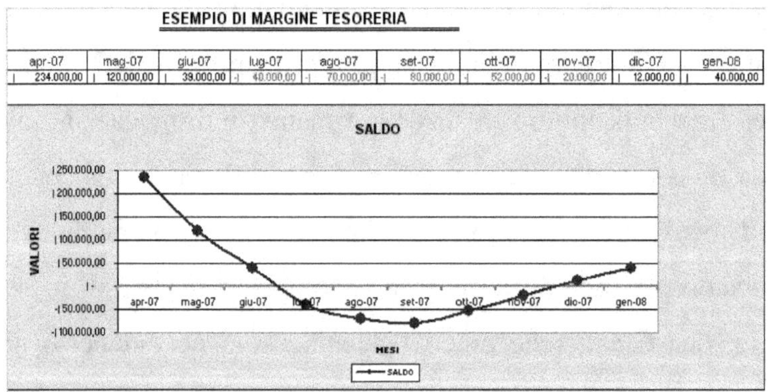

apr-07	mag-07	giu-07	lug-07	ago-07	set-07	ott-07	nov-07	dic-07	gen-08
234.000,00	120.000,00	39.000,00	-40.000,00	-70.000,00	-80.000,00	-52.000,00	-20.000,00	12.000,00	40.000,00

Queste misurazioni sono molto interessanti in quanto ci permettono di verificare nel tempo eventuali miglioramenti o peggioramenti. Per questo io consiglio di aggiornare periodicamente e comparare i dati con dei grafici anche negli anni.

SEGRETO n. 7: Fai periodicamente il controllo inserendo anche i grafici per far sì di avere sempre e nel tempo la posizione finanziaria sotto osservazione.

Di grande interesse, oltre alla liquidità, è tenere sotto esame l'utilizzo dei fidi bancari o comunque dei saldi bancari rappresentati nel grafico.

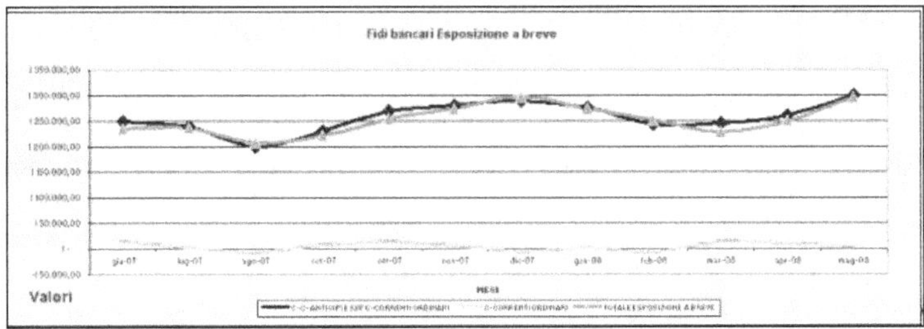

Naturalmente, nella condizione in cui le fatturazioni non sono effettuate nei tempi giusti, avrai più alto l'utilizzo di affidamenti per poter far fronte alle uscite correnti e, di conseguenza, avrai anche un aumento di interessi e oneri bancari.

Mi è capitato di avere da parte di alcuni imprenditori una osservazione tipo: «Se chiudo l'azienda mi rimane un totale attivo di 3000€, ma se ho ancora il finanziamento di 10.000€ che mi scade tra 1 anno vado in negativo di 7000€, inoltre devo inserire anche le tasse previste per la chiusura».

L'osservazione è giusta, anche se non in linea con lo scopo del nostro ormai famoso "indice di liquidità periodico", poiché quest'ultimo è un monitoraggio della liquidità a breve. In ogni caso c'è da considerare che nulla vieta di ampliare lo schema inserendo anche il totale al netto del finanziamento e delle imposte previste dell'anno in corso, che saranno da pagare a saldo (al netto degli acconti), l'anno successivo a quello in cui si fa il conteggio.

A questo punto, però, non dobbiamo scordarci di altri debiti a lungo termine come per esempio il Trattamento di Fine Rapporto (cioè la cifra che spetta al lavoratore dipendente alla conclusione del lavoro in un'azienda, più comunemente chiamata "liquidazione"). Chiaramente a questo punto, visto che andiamo a considerare i finanziamenti a medio-lungo termine che dovrebbero essere accesi per pagare beni durevoli – cioè immobili, mobili, attrezzature, computer, automezzi ecc. –, dobbiamo considerare di rivendere questi immobilizzi. Può venire fuori uno schema del genere descritto nella tabella qui sotto. Si tratta, però, di una sintesi fatta in maniera da dare una indicazione, senza che possa essere considerata un margine di liquidità.

Saldo tesoreria a breve	Finanziamento medio termine	Tasse previste	Vendita beni durevoli	Debiti per TFR	Rimanenza netta
€ 9.000,00	-€ 12.000,00	-€ 2.000,00	€ 8.000,00	-€ 2.000,00	€ 1.000,00

SEGRETO n. 8: Crea gli schemi che ti sembrano utili e utilizza i dati con filtri e tabelle per darti tutte le risposte che vuoi.

Come allenare il C.P.C.M. Ma cosa vuol dire?

Secondo la mia opinione, se vuoi prendere sotto controllo l'amministrazione, devi allenare alcuni aspetti che ti possono aiutare nella costruzione e nell'esame degli schemi visti in precedenza. Io, per farlo, utilizzo il metodo C.P.C.M., un acronimo di mia ideazione nel quale ogni lettera si rifà a un principio che viene fuori dall'esperienza:

- Colpo d'occhio;
- Precisione;
- Costanza;
- Memoria.

SEGRETO n. 9: Per aumentare la concentrazione in amministrazione ricordati e adotta il metodo C.P.C.M.

C = COLPO D'OCCHIO: deve subito saltare all'occhio ogni minimo particolare che non quadra. Questo sistema si acquisisce sempre di più con l'esperienza. Per esempio, se io so che ogni mese ho 5000€ di costi del personale, e vedo che nel mese di marzo, quando non ho né tredicesima né quattordicesima, ho una cifra di 10.000€, mi devo chiedere come mai tanta differenza.

2008	gen-08	feb-08	mar-08
FATTURATO	I 31.750,00	I 24.227,00	I 43.000,00
Costi di produzione			
Acquisto Merci	-I 12.979,00	-I 12.583,00	-I 10.890,00
Servizi Terzi	-I 2.200,00	-I 7.355,00	-I 7.800,00
Totale costi variabili	-€ *15.179,00*	-€ *19.938,00*	-€ *18.690,00*
Costi del personale	-I 5.000,00	-I 5.000,00	-I 10.000,00
Totale costi di produzione	-I 20.179,00	-I 24.938,00	-I 28.690,00
MARGINE DA PRODUZIONE	€ *11.571,00*	-€ *711,00*	€ *14.310,00*

Lo stesso esempio potrebbe presentarsi controllando una situazione finanziaria, per esempio verificando debiti, crediti e banche come nel caso sotto riportato: se si presenta troppo scostamento tra un mese e l'altro, occorre subito verificare se è successo qualcosa di particolare o se ci sono errori.

Non è detto che ci siano sbagli, per esempio nel caso in esame potrebbe anche significare che sono stati utilizzati i fidi bancari per pagare i fornitori. Il risultato troppo differente dovrebbe comunque mettere in allerta.

DATA	TOTALE CLIENTI	SOMMA DEI C/C	DEBITI VS/FORNITORI	
31/01/2007	€ 700.000,00	€ 10.000,00	-€ 559.000,00	
28/02/2007	€ 730.000,00	-€ 2.000,00	-€ 564.590,00	
31/03/2007	€ 740.000,00	€ 12.000,00	-€ 570.235,90	
30/04/2007	€ 698.000,00	€ 10.000,00	-€ 632.961,85	
31/05/2007	€ 706.000,00	-€ 12.000,00	-€ 702.587,65	
30/06/2007	€ 786.000,00	-€ 12.340,00	-€ 709.613,53	
31/07/2007	€ 801.000,00	-€ 14.000,00	-€ 716.709,66	
31/08/2007	€ 820.000,00	€ 9.000,00	-€ 723.876,76	
30/09/2007	€ 798.000,00	-€ 3.400,00	-€ 731.115,53	
31/10/2007	€ 705.000,00	-€ 80.000,00	-€ 503.000,00	◄——— Attenzione
30/11/2007	€ 740.000,00	-€ 1.000,00	-€ 759.530,00	
31/12/2007	€ 712.000,00	-€ 2.400,00	-€ 767.125,30	
31/01/2008	€ 723.000,00	€ 4.000,00	-€ 774.796,55	
27/02/2008	€ 699.000,00	€ 1.500,00	-€ 782.544,52	

P = PRECISIONE: attenzione alla distrazione. In amministrazione si tratta sempre di inserire e controllare i dati. A mio avviso è preferibile una maggior attenzione negli inserimenti, piuttosto che perdere il doppio o più del tempo successivamente per scoprire gli errori. Questi errori generano costi della non-qualità, e sono vere e proprie perdite economiche (carenze interne). Le carenze interne sono il prodotto di ciò che spesso viene definito "lo stabilimento nascosto". Si tratta di costi che non si vedono dall'esterno, ma pesano sul reddito aziendale. Le "carenze" derivano dal fatto di "non fare le cose in modo corretto sin dall'inizio". Sarebbe opportuno che questo concetto, anche se stiamo parlando di controllo amministrativo, fosse esteso a tutti i reparti dell'azienda.

C = COSTANZA: seguire sempre regolarmente le solite procedure. Per esempio non conviene controllare l'andamento di una commessa di lavoro ogni tanto. Ma, se le procedure lavorative corrette stabilite dalla Direzione ci consigliano di controllarlo ogni 15 giorni, non conviene trascurare il compito, poiché si rischia di lasciare indietro cose importanti.

Non tutto quello che si può contare conta,
e non tutto quello che conta può essere contato.
Albert Einstein

Se decido di controllare la redditività dei miei cantieri, dei miei lavori, devo darmi una data di riscontro della verifica e farla sempre costantemente. Ad esempio devo controllare la redditività dei miei cantieri ogni giorno 20 del mese. Il controllo fatto regolarmente può diventare anche "noioso", ed è per questo che vanno individuate le verifiche giuste per ogni azienda. Spesso **il prezzo della noia è superiore al risparmio dell'efficienza.**

Bisogna quindi fare in modo di non essere inquadrati in un modello rigido. Questa è la difficile sfida del controllo di gestione moderno. In effetti la verifica, spesso, diventa quasi una routine. Non di rado il personale interno tende a rimandarla o addirittura a evitarla, poiché spesso i risultati tra un mese e l'altro possono non essere tanto discordanti. Può essere normale pensare "cosa lo faccio a fare tanto è lo stesso", oppure viene dato più peso a cose che sono più operative e sembrano più urgenti.

Ma attenzione, certe procedure sono importanti. Infatti, i dati sono visti e confrontati nel tempo e una minima variazione, se non presa nel momento giusto, può essere pericolosa per l'azienda. Per esempio, se decido di verificare "l'indice di liquidità periodico" mensilmente, e vedo che in gennaio e febbraio la sua misura è 1,2 e a marzo è 0,9 c'è qualcosa che non va, oppure deve essere trovata la giustificazione reale.

M = MEMORIA: si deve allenare la memoria il più possibile, proprio per il ripetersi degli eventi. Sono tante le volte che ho sentito titolari di azienda o direttori lamentarsi per il fatto che su un determinato lavoro loro si ricordavano tutto o quasi, mentre i loro collaboratori spesso non lo facevano.

A volte è importante ricordarsi "velocemente" (senza dover aprire i file nel computer o sfogliare cartelle e archivi) il nome di un fornitore o di un cliente, o ricordare dove è stata archiviata una contabile particolare. Se non si è super organizzati, per queste dimenticanze a volte si perde un sacco di tempo. Sicuramente, per la valutazione dell'amministrativo, è spesso peggiore un "non ricordo" che un errore.

Una persona che non abbia mai commesso un errore
non ha mai cercato di fare qualcosa.
Albert Einstein

A proposito di errori, consiglio, nel caso in cui succedano e anche per migliorare te stesso, di ammetterli, cercando di imparare da essi. Secondo me, chi ammette gli errori quando ci sono riceve più rispetto di chi vuole ostinarsi a non ammetterli. Per migliorarsi occorre scoprire il fatto reale, un processo chiamato *fact finding*, ovvero cercare e scoprire i fatti concreti. Spesso si sente dire «forse dovrebbe essere...», «probabilmente sarà...» ecc. Questa non è una condizione che darà risultati positivi.

Nel 1990, al mio primo mese di lavoro in un'azienda importante, sbagliai un conteggio facilissimo in una fattura, e mi accorsi dell'errore una volta che avevo già spedito la fattura al cliente. Avrei potuto stare zitto, e nessuno si sarebbe accorto delle centinaia di migliaia di lire che sarebbero mancate al mio datore di lavoro, ma senza esitazione andai dal titolare a fargli notare la mancanza. Egli, dopo una "burrasca" iniziale mi disse: «Finalmente ho trovato un impiegato che ammette gli errori, per lo meno lo sono venuto a sapere».

Quel giorno rafforzai la mia convinzione che in amministrazione l'importante è ammettere sempre la verità e vedere il fatto reale senza trovare scuse. Il punto di partenza per il miglioramento (e questo vale per ogni aspetto aziendale e non solo amministrativo) è separare quello che è un fatto certo da ciò che non è un fatto reale. Per fare ciò si deve:

- misurare la realtà in modo quantitativo, infatti "ciò che non può essere quantificato, non può neanche essere migliorato";
- valutare oggettivamente i fatti;
- modificare concretamente il modo di lavorare.

Ritengo che sia necessario osservare non solo la realtà che si vuole vedere, ma anche la realtà che non si vorrebbe vedere.
Minoru Tanaka

Come organizzare la frequenza del controllo

In alcune aziende che hanno la possibilità di controllo maggiore, gli scostamenti tra preventivato e consuntivo vengono effettuati anche mensilmente. Questo naturalmente è una cosa splendida per l'impresa, ma bisogna stare attenti al fatto che i controlli non devono incartare l'attività, ma devono essere proporzionati alla tipologia del lavoro, alle dimensioni, al fatturato, al personale interno, alla possibilità di dare l'incarico a un consulente esterno. Nello stesso tempo i controlli devono essere fatti nei tempi giusti, senza ritardi. Infatti, se ciò avvenisse, andrebbe contro i principi del controllo di gestione, che deve essere tempestivo per servire a capire cosa è successo e per prevedere gli eventi in maniera tale da rendere più efficace ed efficiente la gestione aziendale.

Facciamo un esempio: il controllo dell'andamento di una commessa di lavoro è importante a consuntivo per sapere se su quell'incarico abbiamo guadagnato o perso. È molto significativo sapere in corso d'opera come sta andando l'attività. Questo perché se vedo che sono al 50% del lavoro fatto e ho sostenuto costi per il 90% di ciò che avevo preventivato, vuol dire probabilmente che c'è da correggere il tiro.

Infatti, se non faccio qualcosa prima della fine delle lavorazioni, rischio di andare in perdita. E se poi ho sbagliato il preventivo, prenderò da subito coscienza di ciò che sto sbagliando. Questo banale esempio potrebbe far notare il "costo dell'errore" e quali sono le cause degli scostamenti. Per esempio potrebbero essere:

- non adeguata professionalità dell'addetto alla programmazione e frettolosità delle elaborazioni;
- maggiori acquisti di materiali rispetto a quanto preventivato;
- ordini di merci sbagliate per tale lavoro;
- operai o direttore dei lavori, seppur bravi, non adatti a fare quel tipo di lavoro, e così via.

Non mi stancherò mai di ripetere che, una volta organizzato e partito il sistema di controllo, per il bene dell'azienda è importante fare le verifiche costantemente.

SEGRETO n. 10: Misura e osserva sempre la realtà per perfezionarti e per migliorare il "costo dell'errore", non trovare scuse.

RIEPILOGO DEL PASSO 2:

- SEGRETO n. 6: Adatta le tue conoscenze per fare un indice di liquidità periodico che ti permette di avere la situazione della disponibilità finanziaria sotto controllo.

- SEGRETO n. 7: Fai periodicamente il controllo inserendo anche i grafici per far sì di avere sempre e nel tempo la posizione finanziaria sotto osservazione.

- SEGRETO n. 8: Crea gli schemi che ti sembrano utili e utilizza i dati con filtri e tabelle per darti tutte le risposte che vuoi.

- SEGRETO n. 9: Per aumentare la concentrazione in amministrazione ricordati e adotta il metodo C.P.C.M.

- SEGRETO n. 10: Misura e osserva sempre la realtà per perfezionarti e per migliorare il "costo dell'errore", non trovare scuse.

PASSO 3:

Cos'è la regola della finanza aziendale

Una delle domande che spesso mi vengono rivolte quando ho occasione di conoscere alcuni imprenditori è: «Sto lavorando tanto, sto guadagnando, ma i soldi dove sono?» Questo dipende dalla gestione del capitale circolante netto, oltre che dalla "regola della finanza aziendale".

Come trovare il capitale circolante netto?

Il capitale circolante netto è l'ammontare delle risorse finanziarie ferme per le gestioni commerciali. Esso è paragonabile a una spugna che assorbe le risorse finanziarie. È una grandezza ottenibile attraverso la somma algebrica di:

- crediti +;
- magazzino +/–;
- banche –;
- debiti v/fornitori –.

Il circolante netto determina la diminuzione o l'aumento di liquidità. Di conseguenza, più basso è meglio è. Infatti un circolante alto potrebbe significare crediti inesigibili o, in genere, crediti riscossi lentamente, oppure magazzini troppo alti. È importante tenerlo sotto controllo almeno trimestralmente, monitorando la sua percentuale nel tempo sul fatturato, tramite un esame delle variazioni del circolante netto aziendale ovvero verificando che rispetto al fatturato non si incrementi. Conviene analizzare quindi i seguenti parametri:

- capitale circolante netto/fatturato = %;
- crediti/fatturato = %;
- magazzino/fatturato = %;
- debiti/fatturato = %.

Il controllo di gestione deve essere esteso anche all'area finanziaria, permettendo così la pianificazione delle risorse finanziarie. In questo modo si dirotta l'attenzione dell'imprenditore non solo sull'aumento dei fatturati, ma alla ottimizzazione dei flussi finanziari.

SEGRETO n. 11: Segui passo passo l'evoluzione del capitale circolante netto per non ritrovarti ad avere poca liquidità.

La regola della finanza aziendale

Io mi concentro molto proprio sull'area finanziaria. Infatti, oltre al capitale circolante netto, un'altra delle risposte alla "fatidica domanda" potrebbe essere quella di disattendere la regola della finanza aziendale che è, a mio parere, uno dei **fondamenti** della finanza d'azienda.

I prestiti a breve devono essere impiegati per finanziare operazioni a breve termine, i prestiti a lungo termine devono essere usati per finanziare operazioni a lungo termine.

Se l'azienda utilizza la sua liquidità o i suoi fidi a breve per pagare beni durevoli, è probabile che si possa trovare a un certo punto in crisi di liquidità. Ti dico ciò perché questa situazione l'ho vissuta direttamente e l'ho vista vivere. Nel 2000 ho iniziato la mia attività di consulenza e, con grandi speranze e progetti, mi imbarcai nell'avventura "per conto mio". Sapevo esattamente quanto avrei speso inizialmente per l'allestimento dell'ufficio, computer, spese di marketing, marchio ecc. Per poter affrontare l'investimento preventivato andai a chiedere un finanziamento rimborsabile in 5 anni alla banca presso la quale da anni avevo il mio conto corrente.

La direttrice, poiché non avevo né garanzie reali né redditi da lavoro autonomo e non si conoscevano neppure i flussi che la nuova attività avrebbe potuto avere, mi suggerì di aprire uno scoperto di conto corrente. Solo più avanti, quando sarei stato in grado di ripagarmi le rate, avremmo rivisto la pratica per un finanziamento rimborsabile a 3 o 5 anni. In quel momento non avevo altra scelta, ringraziai la direttrice che mi permise comunque di affrontare le spese iniziali, ma sapevo che stavo compiendo un errore.

Una volta che entri in uno scoperto di conto e lo utilizzi quasi al massimo, diventa difficile ripianare il debito, i costi sono molto più alti di un finanziamento rateale, quindi non fai che pagare interessi e spese. Inoltre, spesso si vive lo scoperto di conto con ansia: più non riesci a diminuirlo e più perdi potere contrattuale con la banca, e per coprirlo occorrono realmente entrate rilevanti, entrate che difficilmente un'azienda nei settori tradizionali riesce ad avere nei primi anni di attività.

Dopo un anno circa dall'apertura, la direttrice che aveva fiducia in me era stata trasferita, e io mi trovai a chiedere un finanziamento di consolidamento a un nuovo direttore che mi chiese garanzie su garanzie per poter esaudire la mia richiesta di finanziamento rimborsabile a rate.

Come risolsi la questione? Il tempo passava e io continuavo a buttare via soldi. Andai perciò in un'altra banca e, con l'aiuto di un Consorzio Fidi, mi accordarono un finanziamento pagabile in 5 anni. Ho così chiuso, a malincuore, il conto presso la banca di cui ero cliente da anni.

Il Consorzio Fidi è formato da un gruppo di imprese aderente di solito ad Associazioni di imprenditori che hanno lo scopo di facilitare la concessione di prestiti alle piccole e medie imprese, che spesso individualmente hanno basso potere contrattuale verso le banche. Il Consorzio, dietro rilascio di adeguate e concordate commissioni e quote da tenere in un fondo rischi, presta una garanzia agli istituti bancari convenzionati, a fronte di ogni operazione di finanziamento richiesta dalle imprese facenti parte del Consorzio. Naturalmente questo strumento di garanzia è molto importante, ed è sicuramente da valutare per accedere più facilmente al credito.

Nei primi anni che facevo consulenza, tre giovani soci di una piccola impresa, seppur lavorassero tanto, per 3 mesi non prelevarono nemmeno un centesimo per il loro stipendio. Non riuscendo a risolvere la questione, mi chiamarono.

Anche per loro il riscontro fu che il pagamento dei mobili, dell'attrezzatura e l'allestimento del nuovo ufficio, pagato direttamente utilizzando la liquidità dei conti correnti, li aveva portati a non avere soldi liquidi, fino a quando non si è intervenuti con finanziamenti adeguati.

Siccome l'ammortamento (la suddivisione nel tempo del costo dei beni materiali che si può detrarre dall'utile dell'anno in corso) nel caso dei beni dell'ufficio durava 5 anni, era opportuno finanziare i mobili con un'operazione di finanziamento rateale in 5 anni, in modo anche da non risentire la differenza tra esborso di denaro e detrazione fiscale.

Se acquisto un bene da 10.000€ ho la possibilità di portare in detrazione nell'anno in corso e nei successivi anni, a seconda della tipologia di bene, solo la percentuale ammessa dal fisco. Nel caso dei mobili 10.000€/5 anni = 2000€ all'anno.

Se io pago nel mese di gennaio 2008 10.000€, sottraendomeli dalla liquidità, andrò a scaricare fiscalmente nell'anno 2008 solo 2000€ di costo ammortamento dal reddito, sul quale poi pagherò le imposte, creando uno scompenso tra liquidità uscita dalle casse aziendali e costi portati in detrazione. Se invece acquisto a rate con finanziamento dello stesso periodo di ammortamento del bene, è possibile notare che l'importo tra la somma delle rate pagate e l'ammortamento pressappoco combacia.

A questo punto, se prendi un finanziamento del totale dell'importo, al tasso del 7% pagherai una rata di 198 euro al mese, cioè 2376€ annui di esborso.

Per lo scarico dal reddito invece avrai 2000€ ammortamento + 645€ di interessi per il finanziamento. In questo caso, quindi, avrai 2376€ di uscite, con una diminuzione del reddito d'esercizio di 2645€, il tutto è quindi proporzionato.

Nel caso in cui avessi pagato subito il totale, le uscite sarebbero state 10.000€, contro 2645€ di diminuzione costi dal reddito di esercizio e perciò sarebbero stati sproporzionati. Ho voluto estremizzare e semplificare appositamente l'esempio e ho parlato di finanziamento, senza citare che ci sono diverse forme di finanziamenti, e non si dovrebbe escludere il leasing. È chiaro che avrò comunque interessi da pagare, ma è anche evidente che mantengo la liquidità quasi inalterata.

Da non fare mai: acquistare attrezzature fisse finanziandosi con prestiti a breve termine.

SEGRETO n. 12: Per non trovarti in crisi di liquidità, rispetta sempre la regola fondamentale della finanza aziendale.

Ma è così anche per le attività in internet?

Ciò che ho detto finora è giusto solitamente per le attività tradizionali. Ci sono attività che possono smentire quanto da me dichiarato, e cioè le **attività in internet.** Mi viene in mente il caso di alcuni *info-marketer* di successo che, con un minimo di attrezzatura (software e computer) e con spese minime di pubblicità (solitamente "click a pagamento" su Google AdWords o Yahoo) hanno creato un'attività dove i ricavi sono di molto superiori alle spese. Ciò permette loro di avere liquidità e, cosa importantissima, prima ricevono il pagamento e poi offrono il loro prodotto/servizio.

Anche per gli *info-marketer,* però, potrebbe arrivare il momento positivo della crescita, che li porterà a un bivio: crescere ancora, indebitandosi per nuovi investimenti o assunzioni di personale e collaborazioni, o rimanere da soli o con poche persone intorno ed essere sempre più liquidi?

È l'esempio di chi offre infoprodotti. Si tratta di prodotti destinati alla vendita basati su informazioni per migliorare qualche aspetto della vita degli altri, come ebook, seminari dal vivo, in formato fisico o digitale venduti online.

Per fare ciò i costi sono veramente pochi, l'importante è investire in molto tempo e impegno all'inizio del business. Si tratta di una attività che si può fare totalmente o in buona parte da soli, lavorando spesso da casa.

I costi che si possono dover effettuare sono i costi per l'acquisto di CD o DVD da rivendere, i costi per l'acquisto di software (quali per esempio autorisponditore per ottenere una mailing list e rispondere in automatico), commissioni per ricezione dei pagamenti dalla banca o da PayPal (il più famoso e veloce sistema di pagamento online). L'internet business si può quindi considerare un'impresa a bassissimo costo.

A differenza di un'attività tradizionale, le attività di questo genere in internet, avendo debiti quasi inesistenti, hanno probabilmente un indice di liquidità molto superiore all'1. Ciò non vuol dire, secondo il mio parere, che un'azienda nata in internet o che guadagna grazie al web, anche se ipotizziamo di essere in un'azienda liquida, debba esimersi dal controllo della gestione. Infatti, come tutte le aziende, non dovrebbe dimenticare di controllare il "cruscotto aziendale".

Da aver presente: un'azienda che va bene non è sempre quella che ha un grande utile, ma invece quella che ha un buon flusso di cassa.

Perché si è sempre sentito dire che ciò che conta è guadagnare?

Il reddito è l'incremento o il decremento che subisce il capitale per il risultato della gestione. Di conseguenza genera autofinanziamento, ma spesso il guadagno deriva anche da politiche di bilancio basate su stime e supposizioni. È proprio per questo che a volte si dice che il reddito è una realtà astratta, a differenza dei soldi in cassa che si possono toccare con mano.

Si possono avere anche situazioni in cui si fattura e si ha utile, ma non si incassa. Quindi guadagni, paghi l'IVA e le tasse, i fornitori, i dipendenti, ma non riscuoti i crediti. In queste situazioni l'azienda guadagna ma non ha liquidità.

SEGRETO n. 13: Se vuoi avere una buona liquidità e non hai capitali iniziali, prova a vedere se il business in internet può fare al caso tuo.

Come immaginare l'impresa: i tre aspetti dell'azienda

Per avere chiaro come gestire l'amministrazione di un'azienda, dovresti vedere l'impresa divisa in 3 aspetti: patrimoniale, finanziario ed economico. Per non dimenticarlo pensa a un'automobile dove la carrozzeria rappresenta l'aspetto patrimoniale (e quindi i beni a disposizione dell'imprenditore), la benzina rappresenta l'aspetto finanziario (senza il carburante non si va avanti), e il motore rappresenta invece l'aspetto economico (potenzialità dell'azienda).

Questi aspetti, anche se collegati tra loro, li devi pensare in maniera distinta, soprattutto nel momento in cui si vogliano evidenziare i punti di forza e di debolezza. Infatti può capitare di analizzare delle imprese che hanno il motore forte, ma il carburante scarseggia, oppure hanno una bella carrozzeria, ma il motore fa acqua e di conseguenza è finita la benzina.

Il conto economico "riprende" la gestione economica, che sorge e finisce nell'anno specifico. Lo stato patrimoniale è la fotografia della situazione patrimoniale e finanziaria al termine dell'anno esaminato, e si porta sempre avanti, non termina mai. Quest'ultimo può essere analizzato secondo due metodologie di lettura: patrimoniale e finanziaria.

In veste patrimoniale viene messo in evidenza il capitale netto come differenza tra parte attiva e passiva dello stato patrimoniale. La parte attiva del patrimonio è data da beni che l'impresa ha a disposizione e che indubbiamente vengono anche dal passato (es. impianti, macchinari, scorte, crediti).

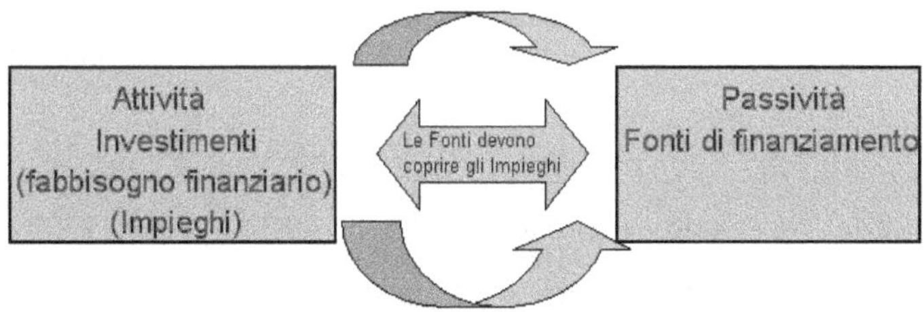

Da questi dati del patrimonio si può vedere una chiave monetaria, cioè vengono messi in luce quei beni presenti nell'attivo che devono essere finanziati con specifiche fonti di finanziamento. Il modello ideale risponde al principio finanziario della liquidità. Sono raggruppate tutte le voci dell'attivo e del passivo in base al loro grado di liquidità.

Riclassificazione Stato Patrimoniale	
Attività Correnti	**Passività correnti**
Liquidità immediata	**Debiti a breve termine**
Liquidità differita	Debiti a breve
Crediti commerciali a breve	
Crediti finanziari a breve	**Passività consolidate**
	Debiti a Medio Lungo
Disponibilità non liquide (Magazzino)	
Immobilizzazioni nette	**Patrimonio Netto**
Immobilizzazioni finanziarie	Capitale sociale
Immobilizzazioni materiali	Riserve
Immobilizzazioni immateriali	Risultato di esercizio
ATTIVO TOTALE (IMPIEGHI)	**TOTALE PASSIVO (FONTI)**

Prova a immaginare la tua azienda così composta in macro aggregati, dai quali scaturiscono i vari indici e margini patrimoniali e finanziari utili per analizzarti.

Liquidità Immediata	Passività correnti
Liquidità Differita	Passività consolidate
Disponibilità non liquide	
Immobilizzazioni	Patrimonio netto

Già con questa figura puoi notare se la tua azienda è equilibrata o no da un punto di vista patrimoniale e finanziario. Per esempio puoi vedere che le liquidità immediate e differite sono notevolmente superiori alle passività correnti, quindi hai un buon indice.

Si nota inoltre che il patrimonio netto e le passività consolidate sono superiori alla somma delle immobilizzazioni e delle disponibilità non liquide (cioè il magazzino), perciò anche questa è una misura buona, in quanto l'azienda sembrerebbe essersi finanziata bene, senza fare soffrire la liquidità a breve. Si vede inoltre che il patrimonio netto è abbastanza significativo e rapportato al totale dei debiti rimane ben proporzionato (successivamente vedremo alcuni indici).

Questo è un esempio per osservare com'è più facile vedere l'analisi, in quest'ottica. È chiaro che si può andare più nel dettaglio, e sarebbe opportuno anche analizzare la parte economica.

RICLASSIFICAZIONE CONTO ECONOMICO	
RICAVI OPERATIVI NETTI	
+/- Variazione Rimanenze	
Prodotti in Corso e Finiti	
- Acquisti Prodotti Finiti	
+ Lavori in Economia	
VALORE PRODUZIONE	
+/- Variazione Rimanenze	
Materie Prime/Merci	
- Acquisti Materie Prime/Merci	
- Spese per Servizi	
- Lavorazioni Esterne	
VALORE AGGIUNTO	
- Costo del Lavoro	
MARGINE OPERATIVO LORDO	
Ammortamenti	
Accantonamenti	
REDDITO OPERATIVO	
- Oneri Finanziari	
+ Proventi Finanziari	
+/- Gestione non Operativa	
UTILE ORDINARIO LORDO	
+/- Gestione Straordinaria	
- Imposte d'Esercizio	
RISULTATO D'ESERCIZIO	

Dovresti tenere conto di quali sono gli indici da mettere in evidenza e quali sono di conseguenza i loro range di riferimento. Periodicamente poi dovresti controllarli in maniera da avere il tuo cruscotto sotto controllo.

SEGRETO n. 14: Prova a guardare l'impresa in 3 figure e capire qual è il contributo che ogni aspetto può dare agli indici di controllo che dovresti verificare periodicamente.

Come calcolare alcuni indici di bilancio significativi

Ecco come calcolare alcuni indici di bilancio significativi:

ROI – Ritorno ottenuto dagli investimenti

Indica la redditività della gestione caratteristica. Il suo valore minimo di riferimento deve essere quello del costo del denaro a breve termine. Un andamento negativo del ROI può essere cambiato solo con ristrutturazioni del business aziendale. È considerato il termometro della redditività aziendale.

$$ROI = \text{reddito operativo/totale impieghi}$$

ROS – Redditività delle vendite

Indica la redditività media dell'impresa sulle vendite. Più alto si presenta e meglio è. Il ROS esprime il grado di efficienza della struttura operativa, cioè il margine di reddito operativo generato con un certa dimensione di fatturato. Una sua crescita può dipendere o da una più rilevante efficienza o da un allargamento della forbice prezzi-costi.

$$ROS = \text{reddito operativo/ricavi}$$

ROE – Ritorno sul patrimonio netto

Il ROE mette in evidenza il rendimento del capitale proprio o patrimonio netto. Tenendo conto del rischio d'impresa che grava su tali capitali, questo indice dovrebbe mirare a raggiungere valori non inferiori al 7-10%. Comunque dovrebbe sempre essere maggiore al rendimento dei titoli di stato.

$$ROE = \text{risultato di esercizio/patrimonio netto}$$

ROD - Costo medio del denaro

Esprime l'onerosità media dei debiti. Il ROD deve necessariamente essere inferiore al ROI. Se così non fosse, si dovrebbe subito cercare di comprenderne i motivi, e rimediare al più presto. Se la differenza tra ROI-ROD è positiva grazie all'indebitamento, l'impresa ottiene un reddito maggiore. Se la differenza è negativa, l'indebitamento diventa un **peso insopportabile**.

$$ROD = \text{oneri finanziari/debiti totali}$$

Il confronto tra il costo medio del denaro e il ROI è **basilare** per stabilire la convenienza o meno a sostenere gli investimenti con finanziamenti esterni. Se il costo medio del denaro è inferiore al ROI, **l'azienda ha convenienza a indebitarsi (effetto leva).**

Come l'indebitamento può aumentare la redditività aziendale

L'indebitamento può portare sicuramente effetti negativi:

- necessità di pagare interessi passivi ai creditori;
- riduzione della solvibilità aziendale;
- riduzione dell'autonomia aziendale.

Ma se gli indici ce lo permettono, per effetto dell'indebitamento si hanno i seguenti effetti positivi:

- l'indebitamento agisce come leva finanziaria in quanto, ingrandendo le possibilità di uso di capitali, dà facoltà all'azienda di raggiungere livelli di fatturato più elevati rispetto a quelli che le si prospetterebbero se potesse far conto solo su capitali portati dai soci;

- l'indebitamento contribuisce ad accrescere la redditività del capitale proprio, che viene premiato anche con più alti utili derivati dalle iniziative fatte avviare attraverso la maggior raggiungibilità di capitali.

Turnover – Indice di rotazione del capitale investito

Poiché dal bilancio si vuole conoscere l'origine della redditività globale, si deve calcolare il numero di volte che, nell'anno, si è ripetuta la redditività unitaria (rotazione degli impieghi). Più l'indice è alto, più è il grado di efficienza dell'impresa (che presenta un più veloce ciclo investimenti-disinvestimenti).

$$\text{Turnover} = \text{ricavi/totale attività}$$

Tale indice è più basso (valori almeno attorno a 1) per le aziende che, per lavorare, debbono dotarsi di beni strumentali, scorte, ed è in genere più alto (perlomeno 2) per aziende che operano nel commercio e nel settore dei servizi. A mio avviso questo indicatore è importantissimo, perché ci fa vedere come ruotano le attività. Ci sono settori di attività che nel mondo odierno hanno difficoltà ad aumentare i margini. Per migliorare i risultati, quindi, devono impegnarsi a fare ruotare di più le attività. Conoscere questo indice le aiuta sicuramente a raggiungere l'obiettivo. Infatti, questa affermazione trova conferma nel fatto che la misura del ROI deriva dalla differente unione del ROS (indice di redditività delle vendite) e dell'indice di rotazione del capitale investito (Turnover). Il ROI, infatti, è esprimibile anche come:

$$ROI = ROS \times Turnover$$

Arrivati a questo punto, l'imprenditore chiede: «Come faccio a fare ruotare di più le attività?» Questa è una delle domande difficili a cui rispondere, infatti per prima cosa si deve controllare l'aumentare del **capitale circolante netto**. Occorre poi verificare l'efficienza produttiva e valutare se conviene acquistare i beni durevoli con leasing invece che con mutui e, laddove le dimensioni aziendali lo permettano, conviene mandare all'esterno l'incasso dei crediti, ad esempio tramite il *factoring*. Deve rimanere chiaro, però, che ogni **impresa** ha la sua storia, e il tutto ha una valutazione a sé stante.

Incidenza degli oneri finanziari sul fatturato

Vorrei ora porre particolare attenzione sull'indice di incidenza degli oneri finanziari sul fatturato.

Incidenza oneri finanziari = (oneri finanziari/fatturato)%

Questo è un indice utile e monitorato in banca anche per quelle aziende di ridotte dimensioni che applicano la contabilità semplificata (quindi non forniscono alla banca lo stato patrimoniale e di conseguenza non è possibile fare indici che prevedono dati patrimoniali e finanziari). Questa incidenza fa notare subito se il grado di indebitamento rispetto al fatturato è elevato o meno. Si può considerare buono un valore al di sotto del 3%. Valori superiori evidenziano una situazione di sproporzionata incidenza dei debiti. Tali valori, però, vanno valutati a seconda del periodo di riferimento, in quanto prettamente dipendenti dal costo del denaro in un determinato periodo.

Indici di indebitamento e solvibilità

Questi indici li abbiamo già visti precedentemente, quindi facciamo solo un breve riepilogo:

- indice di liquidità corrente; il quoziente ottimale è uguale a 1; più basso è e più significa che c'è scarsità di liquidi;

- indice di liquidità immediata; il valore di tale indice sarebbe opportuno fosse maggiore o uguale a 1, però ci si può accontentare anche dello 0,5 a seconda anche dei settori di attività.

Chi sono i proprietari dell'azienda: i titolari o i finanziatori? Debt equity ratio

Quando l'analista contabile valuta un'azienda, si chiede chi in realtà la possiede, se i proprietari o i creditori. La risposta viene dal grado di indebitamento, o *debt equity ratio*. Il rapporto è il seguente:

$$debt\ equity\ ratio = \text{mezzi di terzi/patrimonio netto}$$

Se l'indice è minore di 1, il capitale proprio vale più dei debiti, perciò hai una azienda molto patrimonializzata. Altrimenti essa vale meno dei debiti verso terzi.

L'indice dovrebbe andare da 1 a 5. Al di sopra di questo valore si ha un'azienda fortemente indebitata.

Indici di durata

Servono per verificare quali possono essere le cause di un peggioramento o miglioramento del circolante netto. È quindi importante monitorare i tempi medi di incasso e pagamento. Tempo medio di incasso dei crediti commerciali:

$$\text{crediti verso clienti}/(\text{ricavi delle vendite}/365)$$

Tempo medio di pagamento dei debiti commerciali:

$$\text{debiti verso fornitori}/(\text{acquisti}/365)$$

Dalla sommatoria di alcuni di questi indici si trova il punteggio di *scoring* come appare nell'esempio:

ESEMPIO DI RATING QUANTITATIVO

Indici	score	score ottimale
R.O.I.	80	100
DEBT EQUITY RATIO	75	100
INDICE DI LIQUIDITA'	90	100
TOTALE PUNTEGGIO DA BILANCIO	245	300
ANDAMENTALE BANCARIO	75	100
ANDAMENTALE CENTRALE RISCHI	70	100
TOTALE ANDAMENTALE	145	200

QUANTITATIVO (SOMMA A+B)					
RATING	SCARSO	SUFFICIENTE	MEDIO	ALTO	MOLTO ALTO
A SCORING BILANCIO					
B SCORING ANDAMENTALE					

Come conoscere l'indice che ti dice se la tua azienda va nel burrone o no. Lo Z-SCORE di Altman

Personalmente utilizzo molto questa funzione poiché ti fa subito vedere lo stato di salute dell'azienda. Questo indicatore, che è la sommatoria di altri indici, veniva indicato soprattutto per le società quotate.

È stato utilizzato anche per imprese minori e, con l'avvento di Basilea 2 (della quale parleremo in seguito), è stato usato da molti consulenti anche come indice indicativo per dare già un punteggio rappresentativo del *rating* (valutazione) di bilancio. Per rendere l'idea efficacemente te lo descrivo così come l'ho imparato io: se l'indice è inferiore all'1,8, c'è il rischio che l'impresa vada nel burrone entro 12-18 mesi, a meno che non si facciano subito azioni correttive che le permettano di rimediare alla situazione.

La misura a 1,8 indica cautela nella gestione e più ci si avvicina al 3, più l'indice è da considerarsi buono. Sopra il 3 si ha un'ottima performance finanziaria. Naturalmente lo Z-SCORE è un eccellente mezzo di analisi, ma non ha valore assoluto, deve essere valutato su più periodi e confrontato con altri indici e sistemi di analisi più sofisticati.

Nel 2003 mi sono trovato a fare consulenza a una società di persone che aveva un indice molto basso, intorno all'1. Nella riunione con i responsabili aziendali ho detto loro che se non avessero immesso capitale nell'azienda sarebbe diventato molto difficile salvare l'impresa entro i 12 mesi successivi.

Essi hanno deciso di continuare a portarla avanti in questa condizione il più possibile, prolungando i pagamenti con i fornitori. Ma poi, alla fine, si è ritornati al punto che i titolari hanno dovuto finanziare adeguatamente l'impresa, poiché nel frattempo anche le banche e i creditori stavano chiudendo le porte.

Occorre moltiplicare le variabili X derivanti dagli indici per il coefficiente statistico studiato dal prof. E. Altman.

	ESEMPIO CALCOLO ZETA - SCORE		
			2007
variabili	indici	valori	risultato indice
X1	CAPITALE CIRCOLANTE NETTO/ ATTIVITA' NETTE	€ 142.940 € 1.134.579	0,13
X2	PATRIMONIO NETTO/ ATTIVITA' NETTE	€ 724.257 € 1.134.579	0,64
X3	REDDITO OPERATIVO/ ATTIVITA' NETTE	€ 136.428 € 1.134.579	0,12
X4	PATRIMONIO NETTO/ CAPITALE DI TERZI	€ 724.257 € 410.323	1,77
X5	FATTURATO / ATTIVITA' NETTE	€ 1.285.531 € 1.134.579	1,13

	COEFFICIENTI	INDICI	SCORE
X1	1,2	0,13	0,2
X2	1,4	0,64	0,9
X3	3,3	0,12	0,4
X4	0,6	1,77	1,1
X5	1	1,13	1,1
Z Score			3,6

Legenda	
Z Score > 3	buona/ottima performance finanziaria
3 > Z Score > 1,80	tra sufficiente (1,80) e buono (3)(cautela nella gestione)
Z Score < 1,80	l'azienda è a rischio

Ogni prodotto dà un punteggio che, sommato agli altri, permette di trovare poi lo Z-SCORE.

Z-SCORE = X1 x 1.2 + X2 x 1.4 + X3 x 3.3 + X4 x 0.6 + X5 x 1.0

SEGRETO n. 15: Analizza i tuoi indici per vedere se ti conviene indebitarti, se vai o no nel burrone, se la tua impresa è veloce, oppure per sapere chi sono i veri proprietari dell'azienda.

RIEPILOGO DEL PASSO 3:

- SEGRETO n. 11: Segui passo passo l'evoluzione del capitale circolante netto per non ritrovarti ad avere poca liquidità.

- SEGRETO n. 12: Per non trovarti in crisi di liquidità, rispetta sempre la regola fondamentale della finanza aziendale.

- SEGRETO n. 13: Se vuoi avere una buona liquidità e non hai capitali iniziali, prova a vedere se il business in internet può fare al caso tuo.

- SEGRETO n. 14: Prova a guardare l'impresa in 3 figure e capire qual è il contributo che ogni aspetto può dare agli indici di controllo che dovresti verificare periodicamente.

- SEGRETO n. 15: Analizza i tuoi indici per vedere se ti conviene indebitarti, se vai o no nel burrone, se la tua impresa è veloce, oppure per sapere chi sono i veri proprietari dell'azienda.

PASSO 4:

Come capire il linguaggio bancario

Come fanno di solito i funzionari bancari a suggerire di quanto affidamento hai bisogno?

Una volta deciso il fabbisogno finanziario, si deve andare in banca a chiedere un finanziamento. E qui ti rendi conto di quanto è difficile ottenere al mondo d'oggi il credito bancario. Noterai che spesso, quando si va a chiedere un affidamento, i funzionari di banca ti chiederanno il volume del tuo fatturato e a quanto tempo medio incassi i tuoi crediti.

Se rispondi per esempio che il fatturato è 300.000€ e riscuoti mediamente a 120 giorni loro ti diranno con tutta probabilità che tu avrai bisogno di (300.000€/3 quadrimestri) = 100.000€ di fido da richiedere. Se prevedo quindi un'espansione del mio fatturato e penso di arrivare a 390.000€ il fido da richiedere è 130.000€. Naturalmente questa indicazione va bene solo se le cose filano sempre lisce, e rimane tutto standard. Si tratta in ogni caso di un suggerimento di massima da tenere in considerazione. Per chi invece fa commercio e incassa con corrispettivi giornalieri, il ragionamento da fare è diverso, in quanto si deve basare la percentuale di fido necessario sugli acquisti stagionali.

Se vogliamo pagare in tempi utili i fornitori, cioè a 60-90-120 giorni, evitando dilazioni troppo dilungate che fanno perdere potere d'acquisto nei loro confronti, a mio avviso si dovrebbero avere fidi di cassa per circa il 35-40% del fatturato. Questo permette, di solito, di stare dentro ai fidi, di non chiedere sconfinamenti e di fronteggiare i periodi di calma piatta che, in questi periodi di crisi generale dei consumi, possono verificarsi.

Spesso mi trovo in disaccordo con i funzionari, poiché essi sostengono che ciò da me richiesto sia troppo. La percentuale può diminuire nel caso in cui l'azienda si sia autofinanziata o sovvenzionata tramite banca tutto il magazzino iniziale, cioè quando è partita sostenuta finanziariamente bene sin dall'inizio. Sono convinto, invece, che ci si debba adeguare ai tempi, poiché gli incassi per le attività tradizionali dopo l'entrata dell'euro e gli aumenti indiscriminati dei prezzi sono variati, e soprattutto è variato il modo di fare magazzino. Se fino a 4-5 anni fa avevo bisogno per esempio del 20% di fido per far fronte agli acquisti poiché compravo 100 pezzi, ora per acquistare la solita quantità di merce non ci vuole più il 20%, ma occorre grossomodo il 40%, senza considerare che non è così facile rivendere subito le merci a prezzi più alti, quindi i cicli degli incassi si sono spesso allungati.

Perciò l'alternativa resta fra le due seguenti opzioni: o buona parte dei piccoli negozi e attività commerciali chiudono o i finanziatori capiscono queste loro esigenze. La valutazione poi del merito creditizio è un'altra cosa che vedremo in seguito.

Di sicuro rimane il fatto che il vero fabbisogno monetario va controllato con la pianificazione finanziaria.

Le banche mondiali tradizionali
non sono altro che dinosauri in via d'estinzione.
Bill Gates

SEGRETO n. 16: Occorre imparare il linguaggio dei bancari per ottenere il meglio per le tue richieste di finanziamento.

Il business plan diventa sempre più importante

Ormai è diventato una prassi presentarsi a una banca con un bel business plan, anche se in alcuni casi gli viene data importanza inferiore di quella che dovrebbe avere. La sensibilità verso il business plan, comunque, sta aumentando di giorno in giorno, ed esso è ormai d'obbligo per quasi tutte le pratiche di finanza agevolata.

Nel momento in cui vuoi avviare un'impresa, hai bisogno di un piano d'impresa col quale ti vuoi dare una linea guida per vedere se la tua idea è fattibile oppure no.

Gli unici a non fallire mai sono coloro che non rischiano mai.
Ilka Chase

Innanzi tutto per mettersi in proprio ci vogliono determinate caratteristiche personali:

- svolgere un'attività che piace: bisognerebbe svegliarsi al mattino con la voglia e la gioia di andare a lavorare;
- buona salute;
- autonomia;

- automotivazione;

- determinazione e tenacia.

Dare vita a un'impresa o a una nuova strategia e ottenere buoni risultati è difficile. Ma se per primo sei tu a non avere differenti soluzioni, sicuramente nessuno farà qualcosa per te. La probabilità di farcela esiste.

La forza di volontà attraversa anche le rocce.

Proverbio giapponese

Il business plan si basa sull'individuazione di ipotesi e sull'elaborazione di dati secondo specifiche procedure, più o meno ben combinate e affinate. Sulla base dei dati ottenuti, si può decidere di dar seguito ai progetti o lasciarli da parte, oppure modificarli fino ad arrivare alla decisione finale. Attenzione però: un piano di impresa eseguito con superficialità potrebbe risultare rischioso, se invece è preparato accuratamente può essere un ottimo strumento di controllo. È un mezzo di pianificazione, di comprensione e controllo delle diverse fasi dell'attività aziendale. Si divide di solito in due parti: una descrittiva (dove si prendono in analisi i vari aspetti fondamentali del piano d'impresa), e una numerica (dove si prendono in considerazione proiezioni economiche finanziarie, e si indicano i risultati desiderati).

Non esiste un modello prefissato, puoi inserire tutti gli elementi che ritieni opportuni alla valutazione e rappresentazione del progetto imprenditoriale. Un progetto nel quale rischiare deve convincere chi lo propone, oltre a chi lo deve valutare. Bisogna verificare sin da subito se l'impresa è in grado di far fronte ai propri impegni finanziari. Una valida gestione finanziaria non si limiterà a verificare che il saldo finale di cassa sia superiore o uguale a quello iniziale, ma dovrà stabilire se nelle frazioni di tempo del periodo considerato si manifestino delle situazioni di insufficienza di liquidità. È importantissimo monitorare continuamente la situazione finanziaria, poiché uno squilibrio di tale situazione potrebbe comportare seri limiti allo sviluppo.

Come e perché avere le "spalle coperte"?
Possiamo avere la speranza di attingere a un fondo europeo o ad altri finanziamenti o contributi agevolati che permettano di ottenere una certa percentuale dell'investimento a fondo perduto o

finanziamenti magari a tasso zero, ma in ogni caso dobbiamo sempre avere le spalle coperte da una sicura liquidità che ci dovrebbe dare o la banca o un altro finanziatore.

Di solito per ottenere un finanziamento da un bando pubblico occorre fare domanda. Tra la pubblicazione del bando e la domanda presentata all'ente preposto (per esempio la Regione) passano probabilmente due mesi. Poi dalla chiusura del bando alla risposta ripassano altri 3-9 mesi, a seconda dei bandi.

Fino al momento dell'ammissione alla prima erogazione di denaro, di solito un anticipo del 30-40% dietro rilascio di fideiussione bancaria o assicurativa, passano dai 9 mesi a un anno dalla domanda, senza parlare della tempistica di erogazione totale che avverrà solo dopo aver dimostrato di aver pagato tutto il progetto di finanziamento. Quindi è sicuramente opportuno avere le spalle coperte da un finanziamento bancario, o finanziamento da soci o da altri finanziatori.

Preso atto che quando fai un qualsiasi investimento dovresti sempre controllare se ci sono dei bandi aperti che ti permettano di recuperare dei soldi, nel frattempo devi però trovare la copertura totale.

Ti suggerisco di immaginarti il bancario dietro la scrivania che ti fa il terzo grado, e poi alla fine ti chiede le garanzie. Quindi parti da questo concetto.

Un banchiere è uno che vi presta l'ombrello quando c'è il sole e lo rivuole indietro appena incomincia a piovere.
Mark Twain

Il rapporto bancario va gestito, e bisogna sempre più capire il linguaggio dei funzionari. Poiché le autonomie, grazie a Basilea 2 (il nuovo accordo internazionale sui requisiti minimi patrimoniali delle banche in vigore dal 01.01.2008), si sono affievolite, nessuno – o quasi – si prende più la responsabilità di dirti che non ti darà un finanziamento. La risposta sarà positiva o negativa sempre grazie all'organo superiore o al nostro *rating* (valutazione) che viene fuori dal computer. Ti consiglio di farti da solo certe valutazioni, o per lo meno cercare di avvicinarti il più possibile a quanto ci potrebbe dire un finanziatore.

Se partiamo da zero siamo *unrated*, cioè senza *rating*, quindi siamo penalizzati. Molti giovani, anche molto volenterosi, sono venuti da me dicendomi che avevano progetti per fare imprese (e tra l'altro alcuni con idee veramente interessanti), ma non avevano capitali, e pensavano di attingere a finanziamenti comunitari o finanziamenti bancari. A seconda della tipologia e dell'entità, alcuni sono riusciti, altri purtroppo hanno dovuto cambiare tattica. Infatti, anche se si attinge a finanziamenti comunitari, come già detto, le tempistiche per l'erogazione sono molto lunghe e per avere i soldi, di solito, prima bisogna spendere, il che implica il fatto che comunque si deve essere finanziariamente tranquilli.

Nell'estate 2007 è capitato nel mio ufficio un giovane che aveva un bellissimo progetto: in una località collinare immersa nel verde, con un torrente vicino, voleva ristrutturare un rudere intorno al quale realizzare campi da tennis, ristorante, albergo, piscina, parchi per bambini o anziani, insomma una vera favola. Spesa preventivata minima: 1,5 milioni di euro (una cifra forse neppure sufficiente). Lui, avendo sentito in giro dei finanziamenti comunitari, credeva che potesse averne facile accesso. Purtroppo fui costretto a metterlo di fronte alla realtà, poiché doveva scontrarsi con i finanziatori. Infatti, per l'inizio lavori occorrevano soldi e, poiché il giovane in oggetto non aveva capitali, nessun finanziatore lo ha preso in considerazione, o comunque gli è stato detto di ridimensionare il progetto secondo le sue potenzialità.

Ma ora entriamo in un altro campo che è sempre esistito dall'inizio dei tempi e cioè che "i soldi vanno ai soldi", o comunque che difficilmente vengono finanziati i progetti.

SEGRETO n. 17: Col business plan cerca di capire esattamente di quanto e cosa hai bisogno per la tua impresa. Ricordati però che devi avere sempre le spalle coperte per affrontare i tuoi investimenti.

Come accedere al credito bancario – Pensare in funzione del rating
Per finanziare la crescita aziendale occorre la liquidità, perciò è necessaria una fonte regolare e disponibile di liquidi, ossia una banca. Per questa ragione ti consiglio di consultare le numerose

offerte bancarie, cercando di individuare quelle che sembrano fare al caso tuo e che concordano col tuo modo di portare avanti gli affari.

Una volta scelta la banca, non impegnarti solo con la prima persona che contatti ma cerca di incontrarne diverse, compresi i giovani "rampanti" decisi a far carriera e gli impiegati già affermati che possono agire in modo da fornirti ciò che desideri.

Nel corso del tempo rafforzerai queste relazioni chiave e saprai regolarmente chi chiamare per ogni necessità bancaria. Non chiamare la banca solo quando, per esempio, un assegno è stato respinto o quando hai bisogno di un prestito. Rimani in contatto con gli impiegati che conosci e di cui ti fidi, informandoli dei mutamenti naturali della tua attività. Più queste persone si faranno una buona idea sulla tua azienda, più saranno disponibili per darti ciò di cui hai bisogno quando ti rivolgerai a loro.

Abbiamo visto che convincere una banca del proprio progetto e dell'opportunità di finanziarlo è sempre più difficile. Se gli ideatori del progetto hanno la possibilità di garantire la banca sia dal punto di vista finanziario che patrimoniale il problema diminuisce. Spesso però non è cosi. Sembra quasi che l'attività di concessione prestiti alle imprese da parte delle banche, essendo un'attività ormai matura, interessi sempre meno alle banche, poiché dà loro bassi profitti e per contro alti rischi.

Anche per questo, più l'investimento risulta sicuro per la banca e più viene trattato con tassi e condizioni migliori, mentre più è rischioso per la banca e più alte saranno le condizioni. Questo si traduce per la banca in un *rating*.

Come definire il rating e perché nasce

Basilea 2 è il nuovo accordo internazionale sui requisiti patrimoniali delle banche, le quali dovranno accumulare quote di capitale proporzionali al rischio derivante dalle varie esposizioni di credito assunte, con lo scopo di rendere più efficace il controllo dei finanziamenti elargiti, valutato attraverso lo strumento del *rating* (un voto sul merito di credito dell'azienda). Con Basilea 1 (il precedente accordo), per ogni somma prestata la banca doveva accantonare una somma pari all'8% del capitale prestato (capitale vincolato). Col sistema di Basilea 1, alle banche era richiesto di tenere una dotazione di capitale, ma senza che i rischi venissero misurati in modo preciso. Questo significava che 100 euro dati a un'impresa rischiosa comportavano 8 euro di capitale a fronte, esattamente come 100 euro dati a un'impresa non rischiosa.

Basilea 2 aiuta (o meglio dovrebbe aiutare) a uscire da questo equivoco. Alla base ha valore il principio che "peggiore è il *rating*, maggiore sarà la probabilità di perdita per la banca", il che ha due conseguenze: prezzo dei finanziamenti più alto e rischio di ottenere meno credito.

Come si comporta la banca: il "tappeto rosso", il "mendicante" e i "guanti bianchi"

La banca, per poter ottenere i più alti benefici dall'applicazione del nuovo accordo, avrà bisogno di concedere prestiti a soggetti poco rischiosi, poiché tanto più il credito è di qualità elevata tanto minore sarà l'importo del patrimonio vincolato. Di conseguenza le banche avranno minori costi di approvvigionamento e potranno fare condizioni più vantaggiose ai propri clienti. Ecco anche perché tendono a stendere, per alcuni tipi di aziende, il "tappeto rosso" alla loro entrata nell'istituto, e a guardare dall'alto in basso, in misura via via crescente, gli altri.

È facile ottenere buone condizioni per chi non ha problemi finanziari o per chi è stato bravo ad avere un buon *rating*. Naturalmente queste imprese devono pretendere le buone condizioni poiché, grazie al *rating*, chi ha alti punteggi può ottenere spesso di più di quanto non abbia già.

La cosa è chiaramente diversa per chi ha una condizione meno favorevole. Parlo per esperienza personale. Qualche anno fa la conoscenza e il rispetto che i funzionari nutrivano nei confronti del consulente poteva essere determinante, anche per alcune aziende. Ora non lo è più o comunque può esserlo solo in fase di presentazione. Quello che conta è solo, "bancariamente" parlando, la "bontà del cliente". In alcuni istituti ho varietà di clientela e posso confermare che i funzionari riescono a distinguere realtà per realtà, cosa che trovo assolutamente giusta e molto professionale.

A volte, purtroppo, non per tutti è la stessa cosa. Come mai ti dico questo? Perché a questo punto vorrei raccontarti un episodio che mi è accaduto verso la fine del 2006. Vengo contattato dal titolare di una piccola impresa; il problema era quello di avere poco affidamento per il giro d'affari che aveva. Insieme all'imprenditore abbiamo scelto di contattare una banca, e abbiamo parlato con un impiegato addetto allo sviluppo e con un responsabile ufficio fidi che si sono recati presso la sede della piccola impresa.

Abbiamo spiegato tutto il possibile, elencando i punti di forza e debolezza dell'impresa, nella massima trasparenza, chiedendo loro di dirci molto chiaramente se potevamo contare sul loro istituto o meno.

Partivamo già in salita, sapendo anche i nostri limiti, poiché i bilanci aziendali non presentavano indici e redditi interessanti per la banca, e i titolari non avevano garanzie consistenti. Inoltre purtroppo "siamo andati noi a chiedere, in un momento di debolezza" (cosa che può essere normale, ma vedremo che sembra non essere più così). L'addetto all'ufficio fidi della filiale, avendo giudicato la pratica di difficile attuazione, ci fissa un appuntamento con il "Funzionario Responsabile". Era un nuovo arrivato (quindi mai conosciuto) e ci ha ricevuto trattando sia me ma soprattutto il mio cliente con molta superiorità, facendolo alla fine sentire quasi come un "mendicante".

Vi assicuro che si sta parlando di un imprenditore molto serio con il solo problema di non avere soldi né capitali, che va avanti tranquillamente, senza aver curato troppo il bilancio, ma senza aver nessuna sofferenza nel sistema bancario. Al vederci trattare con superiorità io intervengo dapprima tecnicamente, rispondendo al funzionario bancario facendogli notare alcuni indici e specificando che eravamo stati chiari sin dall'inizio. Anzi cominciavo a perdere la pazienza. Mi sembrava comunque di essere un agnello nei confronti del lupo.

Ci siamo comunque salutati con l'impegno che lui avrebbe valutato la pratica (il classico "Le faremo sapere") e che noi avremmo dovuto fornire tutti i documenti per poterla esaminare meglio. All'uscita della banca il mio cliente mi dice che non ha nessuna intenzione di affidarsi a quel tipo di persona, e naturalmente è rimasto molto male nel sentirsi trattare come "uno che non vale un piccolo affidamento". Chiaramente il titolare dell'impresa si è sentito così ma io, essendo in quel momento suo consulente, mi sono sentito peggio di lui.

Non potevo fare niente per lui, se non motivarlo ancora di più al miglioramento, incoraggiarlo a cominciare a fare le azioni correttive con budget e le programmazioni e incitarlo a non arrenderci, per andare alla carica a chiedere finanziamenti in un altro istituto. Così è stato, e nel giro di un mese e mezzo abbiamo ottenuto un piccolo affidamento presso un altro istituto cittadino.

All'inizio della primavera 2007, invece, sono in una filiale di quell'istituto a fare delle trattative per un mio grosso cliente, il quale realmente viene trattato con i "guanti bianchi" poiché se lo merita, e senza ombra di dubbio. A un certo punto ecco che, inaspettatamente, il referente che ci seguiva in quel momento chiama il "Famoso Funzionario" a verificare la trattativa ed egli scopre che il consulente sono io (anche se in verità inizialmente si ricordava solo vagamente chi fossi). A quel punto lui sembrava l'agnellino e io il lupo. Naturalmente, poiché si trattava di due realtà completamente diverse, ho dovuto comportarmi professionalmente e fare quello che era il bene dell'impresa che mi aveva affidato il compito, e mai avrei fatto diversamente.

Una volta terminato il colloquio, poiché erano circa le 13.35, ora di pausa per i dipendenti dell'istituto, siamo usciti tutti insieme. Una volta fuori ho chiamato il funzionario in disparte dicendogli: «Si ricorda il mio cliente, come l'ha snobbato e come mi ha trattato? Come mai ora lei ha cambiato completamente atteggiamento? Io sono sempre la solita persona, quindi come mi dava ascolto oggi poteva darmi ascolto allora». Lui un po' imbarazzato mi ha detto: «Certo sono due realtà diverse, noi dobbiamo valutare a seconda della situazione che ci viene davanti, anche noi dobbiamo rendere conto ai nostri superiori».

Morale della storia: fermo restando che l'educazione delle persone dovrebbe esserci in ogni situazione, e che l'imprenditore, il suo commercialista e le banche stesse non avrebbero dovuto far finta che Basilea 2 non fosse mai arrivata, sembra proprio che **non devi andare a chiedere i soldi quando ne hai bisogno.**

Non bisogna correre dietro ai soldi, bisogna andargli incontro
Aristotele Onassis

Comunque, specificato questo aspetto, rimane il fatto che, se l'imprenditore si adatta prontamente nei tempi giusti e continuerà in futuro ad adattarsi, Basilea 2 sarà, senza alcun dubbio, un vantaggio. Se invece è stato alla finestra a vedere quello che stava succedendo, il nuovo accordo potrebbe essersi trasformato in svantaggio.

SEGRETO n. 18: Bisogna evitare di andare a chiedere i soldi all'ultimo momento, quando ne hai bisogno. Ricordati dell'esempio del "tappeto rosso", del "mendicante" e dei "guanti bianchi".

Come gestire l'incertezza delle richieste di credito

Molte aziende stanno rilevando riduzioni negli affidamenti o ne evidenziano una possibilità di utilizzo sempre più difficile. Alcune imprese hanno ricevuto e stanno ricevendo proposte dalle banche di aumenti, anche interessanti, per le facilitazioni creditizie, oltre che offerte per diminuire ulteriormente condizioni già ottime, grazie al *rating* molto elevato. Infatti, per le aziende con alto *rating* e con gli indici a posto, io ho sempre detto «Ben venga il nuovo accordo», in quanto per quel tipo di aziende Basilea 2 non può che fare meglio.

Di contro, invece, considerando l'altra faccia della medaglia, ho di fronte a me l'esempio di una piccola impresa individuale non consigliata, mai preoccupatasi di Basilea 2, che dopo anni di bilanci in perdita e utili quasi inesistenti, alla prima difficoltà nel 2007 si è vista diminuire i fidi in banca poiché non aveva un buon *rating*.

È finita l'era dei finanziamenti concessi perché "trattasi di persona ben conosciuta" oppure di "azienda storica anche senza utili che ha sempre onorato i propri impegni". La soggettività nella valutazione sta lasciando spazio all'oggettività dei numeri. Da sottolineare che alcune pratiche sono bocciate o limitate poiché basate solo sul *rating*. Infatti, nonostante la buona volontà dei funzionari locali che si impegnano a descrivere la bontà della persona o dell'azienda, ora le valutazioni vengono nella maggior parte dei casi effettuate in uffici e luoghi diversi da quelli dove l'imprenditore si è rivolto per chiedere il finanziamento. Nella maggior parte dei casi le valutazioni sono fatte solo basandosi su "freddi" numeri.

Il *rating* è assegnato da un organismo autonomo e non da "chi comunica con il cliente". C'è da notare che, di solito, i funzionari responsabili di ogni delibera di credito sono valutati sulla base degli effetti della decisione presa. Di conseguenza la qualità del credito è un obiettivo che rientra nel loro avanzamento professionale. È anche per questo, dunque, che essi stanno molto più attenti di un po' di tempo fa a dare i finanziamenti.

Prima, infatti, il funzionario di banca decideva con estrema elasticità. Ora si ha spesso una massima rigidità. Il nuovo approccio al credito talvolta può essere dannoso per le imprese, quando le valutazioni sono fatte col 'paraocchi'. Infatti a me sembra, come ho affermato in alcuni seminari dove sono intervenuto come relatore, che "l'incertezza è il comune denominatore delle richieste di credito in banca" poiché "gestire il credito in questo momento significa gestire l'incertezza". Ad ogni richiesta il funzionario bancario non si sbilancia quasi mai, dipende sempre da "altri".

SEGRETO n. 19: Per le richieste di finanziamento sei valutato da chi non ti conosce, quindi è importante ciò che scrivi.

Come gestire Basilea 2 e il rating?

Il *rating*, a mio giudizio, dovrebbe entrare a far parte del tuo modo di conduzione quotidiano. Infatti, se hai bisogno delle banche, dovrai sapere a grandi linee quali sono i dati determinanti per il suo calcolo. Tieni presente che da questo dipende il costo che viene applicato ai finanziamenti che ti vengono concessi e anche la quantità di credito che il finanziatore è disposto a concedere sulla base del tuo punteggio.

Il rating è la somma dei dati di bilancio, dei dati andamentali (comportamento che si ha nei confronti del sistema bancario) e dei dati quali-quantitativi (capacità organizzativa dell'impresa, storia aziendale, business plan, budget, pianificazioni finanziarie). Per ciò che riguarda i dati andamentali, si deve cercare di stare nei limiti dei fidi concessi e di non andare in extrafido, perché questa situazione peggiora il punteggio, pregiudicando il proprio accesso al credito e il costo del denaro.

Da non dimenticare che particolare attenzione viene fatta se si ricevono dai clienti gli insoluti che, sopra alcune percentuali, sono altamente penalizzanti. Bisogna evidenziare i rapporti commerciali con clienti e fornitori. Lavorare con clienti affidabili garantisce perciò un più agevole accesso al credito.

Un altro criterio cui gli istituti di credito fanno attenzione è il frazionamento del rischio. Infatti, più il portafoglio clienti è frazionato, minori saranno i rischi di insolvenze che potrebbero mettere in ginocchio l'impresa. Vengono posti, infatti, limiti anche sulle presentazioni su ricevute bancarie su unici nominativi che, a seconda delle procedure, non possono superare percentuali tra il 25% e il 40% del totale presentato (o per lo meno occorre l'autorizzazione da parte della Direzione).

In questi casi vengono particolarmente monitorati i nominativi che precedentemente non avevano pagato. Per migliorare i propri *rating* l'impresa dovrebbe valutare cosa privilegiare tra il vantaggio fiscale o l'accesso con meno problemi al credito, valutare se ad ogni richiesta di finanziamento conviene inserire garanzie reali o aumentare il capitale investito in azienda, valutare se investire in formazione o consulenza per fare utilizzo di business plan e pianificazioni di tesoreria e autovalutazioni del *rating*.

Da ricordare che ciò che conta maggiormente è quello che si scrive e che viene scritto (bilanci passati e dichiarazioni dei redditi). Purtroppo, in proporzione, viene data più importanza ai dati passati che a quelli futuri e quindi ai progetti. Per esempio, se il prossimo anno hai bisogno di acquistare delle attrezzature per un valore di 50.000€ e devi accendere un finanziamento con una rata di circa 1000€ al mese per 5 anni, e hai un reddito di 18.000€, diventa difficile giustificare un finanziamento di tale portata, a meno che non hai consistenti garanzie.

Se ti metti nei panni del valutatore egli si chiede: «Come fa questo imprenditore a pagare 12.000€ in un anno e vivere con gli altri 6000€?» Ho semplificato il concetto, ma per essere più precisi occorre trovare la capacità di reddito o capacità di rimborso dell'impresa, che è data dalla somma degli utili netti scritti nel bilancio definitivo o nella dichiarazione dei redditi sommati agli ammortamenti.

$$Cash\ flow = \text{utile netto} + \text{ammortamenti}$$

Il *cash flow* rappresenta la capacità dell'impresa di finanziarsi autonomamente. Laddove ci sono garanzie, la capacità di rimborso è data anche dagli utili e dai capitali presenti nel patrimonio personale del garante. La banca continuerà a finanziare le garanzie e si andrà avanti a rilasciare firme anche di terzi (genitori, parenti).

Inoltre fanno sempre più gola le garanzie reali (titoli, denaro) o le garanzie a prima richiesta rilasciate da alcuni Consorzi Fidi. Contano ancora tanto le garanzie in immobili, anche se piacciono leggermente in misura minore poiché alla banca, in caso di insolvenza, interessa sempre meno andare a recuperare un immobile. Sempre più conta, invece, la capacità di rimborso per avere capacità di pagamento delle rate e il denaro sonante in caso di insolvenza.

La banca è un posto dove vi prestano denaro
se potete dimostrare di non averne bisogno.
Bob Hope

SEGRETO n. 20: Accertato il ragionamento della banca, comportati di conseguenza e impara ad andargli incontro, verificando cosa è importante per la tua valutazione.

RIEPILOGO DEL PASSO 4:

- SEGRETO n. 16: Occorre imparare il linguaggio dei bancari per ottenere il meglio per le tue richieste di finanziamento.

- SEGRETO n. 17: Col business plan cerca di capire esattamente di quanto e cosa hai bisogno per la tua impresa. Ricordati però che devi avere sempre le spalle coperte per affrontare i tuoi investimenti.

- SEGRETO n. 18: Bisogna evitare di andare a chiedere i soldi all'ultimo momento, quando ne hai bisogno. Ricordati dell'esempio del "tappeto rosso", "del "mendicante" e dei "guanti bianchi".

- SEGRETO n. 19: Per le richieste di finanziamento sei valutato da chi non ti conosce, quindi è importante ciò che scrivi.

- SEGRETO n. 20: Accertato il ragionamento della banca, comportati di conseguenza e impara ad andargli incontro, verificando cosa è importante per la tua valutazione.

PASSO 5:

Come controllare la nuova banca

Basilea 2 impone agli istituti bancari la copertura del rischio tramite capitali propri, e le banche, di conseguenza, chiedono alle imprese maggiore capitale proprio e minore indebitamento finanziario in banca. Se vuoi operare con gli istituti di credito, dovresti cercare di adattarti (e uno dei punti principali per le imprese è fare in modo di ricapitalizzarsi). Per avere un maggior controllo dovresti chiedere alle tue banche di farti vedere il punteggio da loro attribuito, anche per iniziare un dialogo costruttivo per entrambe le parti.

In alcuni casi mi sono trovato con imprenditori che non sapevano che andare in extrafido, cioè scoperti oltre il fido a loro concesso, li penalizzava tantissimo a livello di punteggio di *rating*. Sapevano solo che economicamente gli sarebbe costato tanto, ma poi per loro finiva lì. Questo perché, probabilmente, loro non si erano preoccupati di informarsi per sapere come stavano le cose, ma soprattutto mai nessuno gli aveva detto di stare attenti, che un'operazione di quel genere può salvare in un determinato momento, ma poi penalizzerà per i mesi a seguire, poiché si abbasserà la valutazione creditizia. Anzi, nel caso in esame, l'imprenditore aveva ringraziato con tutto il cuore il funzionario bancario, pensando che questi gli avesse fatto un favore. Poi, a causa di questa situazione, nell'estate 2006 ho visto togliere degli affidamenti e trasformare il conto corrente ordinario affidato in rientro forzato con rata mensile fissa in quanto per la banca il cliente era ad alto rischio.

Il nostro imprenditore era sicuro di essere a posto, in quanto il funzionario bancario, per evitare di non fare pagare degli assegni o altri tipi di debito, spesso (sicuramente in buona fede) gli faceva il favore di farlo sconfinare. In realtà ora la banca, per evitare pesanti chiamate di responsabilità per danni illegalmente causati alle imprese clienti, evita il più possibile queste situazioni e invita sempre più la clientela a una maggiore precisione. Effettivamente ormai il sistema bancario sembra preferire chiudere i rapporti, anziché avere posizioni dispendiose per la cui gestione occorre tanto tempo. L'impressione è quella che i funzionari non vogliano più inseguire i clienti per fare sistemare i loro sconfinamenti.

Ti ho fatto questo esempio perché tu che leggi questo mio *report* possa cercare di evitare quei "favori" che, nonostante siano fatti con etica, buona fede e amicizia, possono comunque crearti futuri problemi. Almeno devi sapere che, se sei costretto a chiedere, le conseguenze derivanti da sconfinamenti continui possono portarti a un forte abbassamento della tua "valutazione".

Devi aver presente che non sei monitorato solo dalla banca presso la quale hai il conto corrente, ma da tutto il sistema bancario. Le banche consegnano i dati relativi all'andamento dei rapporti con la clientela ad archivi centralizzati, la Centrale Rischi, gestita dalla Banca d'Italia (alla quale le banche e società finanziarie sono tenute ad aderire necessariamente), e alla CRIF (Centrale Rischi Finanziari, banca dati privata per la referenziazione del credito, a cui aderiscono le principali banche italiane). Con un rapido esame dei dati, ciascuna banca può quindi conoscere l'andamento dei rapporti che un soggetto ha con l'intero sistema bancario. Dalle indicazioni ricevute, la Centrale Rischi restituisce ogni mese un flusso personalizzato ad ogni istituto aderente, con il quale viene fornita la posizione totale a livello di sistema dei singoli clienti. All'interno di tale flusso di ritorno viene introdotto anche un punteggio.

```
http://www.microsoft.com/italy/pmi/finanza/speciali/creditoimpresacentrischi/articolo5.mspx
```

Un esempio di Centrale rischi

Al 04/2007	Crbi ns. azienda		Crbi sistema		
Categoria	Accordo	Utilizzo	Accordo	Utilizzo	Sconfino
Autoliquidanti	25	25	25	25	0
A scadenza	59	89	59	59	0
A revoca	20	28	20	28	8
Fin. pr. concors.	0	0	0	0	0
Sofferenze		0		0	
Totale cassa	104	110	104	110	6
- di cui mlt	0	0	0	0	0
- di cui valuta	0	0	0	0	0
- di cui garan.		24		24	
Firma nat. com.	0	0	0	0	0
Firma nat. fin.	0	0	0	0	0
Totale	104	110	104	110	6
Gar. Ricevute	0	0	0	0	
Der. finanz.	0	0	0	0	

Fonte: www.microsoft.com

Il limite della Centrale Rischi è che, per posizioni pari o superiori ai 75.000€ che non si considerano in sofferenza, non mette in luce i rischi dell'esposizione. Per porre rimedio a tale limite è stata costituita la Centrale dei Rischi Finanziari (CRIF) che esamina tutti gli affidamenti, senza limite di importo.

Va fatta speciale attenzione allo sconfinamento, infatti se esso dura per più di 180 giorni si può finire nell'assegnazione del grado di merito **inadempiente.**

A proposito di ciò, c'è da dire che il termine di 180 giorni è stato concesso all'Italia, sino al 2011, in deroga al termine generale di 90 giorni previsto dagli accordi di Basilea.

Un'altra accortezza da tenere presente è il fatto di rimanere con l'utilizzo dei fidi al di sotto dell'80%. L'essere sopra all'80% di utilizzo fa abbassare il tuo punteggio. Questa risulta essere una regola utilizzata dal sistema bancario poiché il fatto di rimanere di solito più di 60 giorni sopra l'80% di utilizzo fido (essendo comunque nel 100% dello stesso) può cominciare a significare che l'utilizzo è incagliato, cioè segnala una temporanea situazione di obiettiva difficoltà.

Anche se questo non vuol dire che ci si comporta male, indica che la forma di finanziamento a breve termine, in realtà, non è adeguata alla tua azienda. In questi casi la banca, dopo mesi di "incaglio", può proporre di rivedere il sistema di finanziamento, suggerendo o forzando un rientro a rate.

SEGRETO n. 21: Non dovresti mai andare fuori fido, per migliorare la tua valutazione di rating.

Come avere più tranquillità: occorre avere sempre di più "le tasche piene"

Per mio parere personale è preferibile, laddove è possibile, avere una banca in più piuttosto che una in meno. L'azienda deve avere sempre di più "i soldi in tasca", per afferrare le opportunità offerte dal mercato e per evitare il più possibile extrafidi nel caso del bisogno.

In caso di necessità, se devo stare scoperto, per esempio, al 90%, conviene stare con i fidi utilizzati al 45% per la Banca 1 e per il 45% per la Banca 2, anziché stare al 90% in una sola.

Un'osservazione che ricevo di solito è: «Sì, tu consigli di aprire il rapporto di conto corrente con una banca in più, ma costa anche di più». Io penso che il costo delle spese bancarie in più da sostenere per due banche invece che una esiste, ma solo apparentemente. In realtà, se non vado mai in extrafido e rimango nei parametri giusti per aver un buon punteggio di *rating*, acquisterò anche più potere di trattativa per ottenere migliori condizioni sui tassi e spese. Questo porterebbe inoltre a un miglioramento dei costi generali oltre che ad avere una maggiore possibilità futura di ottenere più credito.

Altra considerazione che ricevo, soprattutto da chi non è strutturato e quindi giustamente ha difficoltà a gestire più istituti, è che non si può perdere tempo e gestire due banche invece che una, perché ciò significherebbe più gestioni amministrative e più viaggi allo sportello. Io rispondo che sicuramente è vero, anche se con l'*internet banking* i tempi vengono notevolmente ridotti.

Comunque questa condizione porta notevoli vantaggi, oltre che economici, anche di tranquillità da parte dell'imprenditore. Questo perché se rimane nei parametri descritti sopra non si sentirà, nel momento del bisogno, "con l'acqua alla gola".

Una delle cose che mette più ansia e ti rende impossibile lavorare con tranquillità è la telefonata di un bancario che ti dice che hai ricevuto un insoluto e ti chiede di rientrare nei parametri del fido. Oppure ti dice che sei in extrafido, e che se non arrivi entro le ore 15.00 a pagare con assegno circolare o con contante, l'assegno bancario che purtroppo avevi emesso non sarà pagato, con tutte le conseguenze che ne derivano.

Mi piace suggerirti di cadere sempre in piedi e su due gambe. Se non hai problemi finanziari, tutto quello che ho detto sinora rimane solo una formalità; se invece vedi che il tuo fabbisogno di affidamento aumenta, seguire i miei spunti potrebbe esserti utile.

Non di rado ci si trova in difficoltà perché altri non pagano, e spesso sono eventi imprevisti che nelle gestioni aziendali purtroppo sono frequenti. Questi episodi non capitano solo a chi ha la fortuna e la capacità di fare un lavoro che si fa pagare in anticipo o immediatamente. Imparare a gestire l'imprevisto può essere una condizione vincente. Credo che la tranquillità non abbia prezzo.

Come devono agire le imprese per evitare anomalie?
Per ogni impresa, diventa sempre più determinante tenersi lontano dal ritrovarsi in condotte anomale, impegnandosi sempre più in una programmazione dei rapporti con le banche. Le aziende dovrebbero fare attenzione sistematicamente alle segnalazioni alla

Centrale Rischi; in presenza di anomalie nelle segnalazioni mensili a Bankitalia (sconfinamenti, posizioni a contenzioso) l'impresa subisce un peggioramento delle valutazioni interne, con effetti sui costi messi in atto dalle banche, fino a essere poste sotto attenta considerazione o al rientro come nell'esempio descritto in precedenza.

È bene quindi non sconfinare, poiché dal rapporto verrà indicato il saldo medio contabile dei conti correnti. Ecco che il *rating* porta le aziende a occuparsi di più della loro sicurezza futura, evitando sempre di più di vivere alla giornata. Il miglioramento del *rating* è un vantaggio non solo per la banca, ma soprattutto per l'impresa che conquista potere di acquisto sul costo del denaro e ha condizioni migliori per l'acquisizione di finanziamenti.

A tale proposito si rendono necessari l'utilizzo di sistemi di controllo di gestione e di pianificazione, intesa come la capacità preventiva di tenere dati e azioni volti a indirizzare l'attività futura verso obiettivi prefissati.

SEGRETO n. 22: Occorre sapere che non sei valutato solo dalla tua banca ma da tutto il sistema bancario.

Come non guidare l'azienda con lo specchietto retrovisore

Sono convinto che ormai, nella moderna gestione aziendale, non considerare la pianificazione è come porsi alla guida di una macchina e viaggiare guardando solo e unicamente lo specchietto retrovisore. Infatti, come uso spesso fare nei corsi di formazione, proviamo a paragonare un'impresa a un'auto, come del resto abbiamo già precedentemente cominciato a fare.

L'automobile può permetterti di raggiungere molte destinazioni, devi però stare attento alle trappole della strada. Nello stesso modo l'impresa può farti raggiungere molti obiettivi da te scelti, il benessere economico che speri, una vacanza quando vuoi senza dover rendere conto a nessuno. Devi però giornalmente "gareggiare" con la concorrenza e stare attento a tutte le insidie del mercato.

Se gli imprenditori non si interessano, per le ragioni più diverse, al bilancio della loro impresa, devono pensare che, seguendo il nostro paragone, è come guidare senza guardare il cruscotto della macchina. Infatti se si ignora l'accensione delle spie rosse, a volte potrebbe essere troppo tardi, e ci si ritrova probabilmente nel giro di poco in un'officina meccanica ad aggiustare il danno. Perciò, fare il controllo periodico della tua azienda è come fare un tagliando periodico per la tua auto.

Non bisogna poi trascurare i consigli che emergono dall'analisi dei bilanci e che ti possono dare i tecnici, come non occorre trascurare i consigli che ti può dare un meccanico. Soprattutto, bisogna agire e programmare subito eventuali azioni correttive, senza rimandare.

Nel febbraio 2008 ho bucato una ruota della mia auto e nel ripararla il gommista (paragonabile a un consulente) mi avvertì che le gomme (per lo meno quelle davanti) erano ormai da cambiare. Nel giorno di Pasquetta del marzo 2008, sono andato insieme alla mia famiglia in montagna, ed esattamente in località Campocecina a Carrara (MS). Aveva nevicato, il tempo era un po' variabile e siamo andati nel pomeriggio a passare un giorno un po' diverso a giocare sulla neve. Durante il ritorno, verso le

18.00 circa, all'improvviso è arrivata una bufera di neve, che nel giro di cinque minuti ha riempito la strada di un manto bianco. Io, con incoscienza e noncuranza rispetto a quanto mi aveva detto il gommista un mese prima, andavo tranquillo poiché sapevo di avere una macchina che era adatta anche a viaggiare su quel genere di strada. Mentre facevo una curva la macchina è scivolata sul manto nevoso e ho visto da vicino il dirupo. Fortunatamente sono riuscito a tenere l'auto nella carreggiata.

Ti assicuro che mi sono veramente spaventato, e soprattutto, in quel momento, pur tentando di trovare ogni giustificazione (mancanza di tempo, prezzo elevato delle gomme, viaggi non previsti in quel periodo), più di ogni altra cosa mi sono sentito in colpa nei confronti dei miei figli, per il fatto di non aver dato subito ascolto al gommista.

Il giorno dopo sono andato a cambiare urgentemente le gomme, e il gommista mi ha detto che ero stato fortunato poiché ora avevo risolto il problema, ma avrei dovuto farlo un mese prima dando subito ascolto a ciò che mi aveva detto. Questo mi è servito da lezione e mi sono ripromesso che nulla deve essere più importante della sicurezza e le cose importanti non vanno assolutamente rimandate.

Ma cosa c'entra con la gestione aziendale il mio viaggio?

Paragonando sempre l'azienda all'auto, se dall'analisi del bilancio e della contabilità i tuoi consulenti ti dicono che per esempio dovresti fare delle azioni correttive e tu tardi a farle, potresti non solo fare del male alla tua azienda, ma potresti fare del male anche alla tua famiglia (nel caso di azienda paragonabile per esempio ai tuoi dipendenti o collaboratori).

Quindi non vanno contattati i consulenti solo quando ci sono problemi, e bisogna agire subito senza rimandare le cose, poiché anche nella gestione aziendale gli imprevisti sono sempre dietro l'angolo.

Le PMI difficilmente hanno al loro interno un controllo di gestione, o un'area finanza. Questo comporta che l'imprenditore gestisce in prima persona i rapporti con le banche e spesso accade che si ricorre alla banca nel momento del bisogno. Scopo di questo mio scritto è di fare entrare il più possibile nella tua mentalità una gestione "pianificatoria", in maniera da conoscere i bisogni dell'impresa in anticipo per ottenere i risultati sperati.

SEGRETO n. 23: Dovresti considerare la pianificazione per il controllo della gestione della tua azienda come un punto di forza, per competere in un mondo pieno di imprevisti.

Come si calcola il rating e come si presenta?

Se hai più di una banca potresti avere dei *rating* diversi. Ad esempio la Banca 1 ti dice che hai un *rating* BBB, poiché adotta lo schema in lettere, la Banca 2 ti dice che hai *rating* 4, poiché adotta un suo schema con i numeri. L'importante è conoscere la tabella standard e farsi dire da ogni banca il proprio punteggio a che standard corrisponde.

	GRADO DI MERITO TIPO QUELLO ATTRIBUITO DA STANDARD & POOR'S	PD
AAA	*Rischio:* Molto basso	0,03% - 0,05%
AA	*Rischio:* Moderato	0,05% - 0,10%
A	*Rischio:* Basso	0,10% - 0,20%
BBB	*Rischio:* Discreto	0,40% - 0,50%
BB	*Rischio:* Discreto ma con attenzione	1,0% - 2,5%
B	*Rischio:* Alto , procedere ad un continuo controllo	6,0% - 10%
CCC	*Rischio:* Molto Alto Massima osservazione	15% - 20%

Nell'esempio sopra riportato troviamo i gradi di merito attribuiti da una delle grandi agenzie di *rating* riconosciute a livello internazionale, "Standard & Poor's", dove appaiono come valutazione le lettere che corrispondono a seconda del grado di merito a una PD (*probability of default* – probabilità di insolvenza).

L'accordo di Basilea lascia alle banche la libertà di usare metodi di stima differenti, purché in essi siano considerati gli stessi principi di valutazione, per cui si avvicinino a risultati simili. Per l'assegnazione del *rating* assumono rilevanza il tipo di informazioni ottenute dalle imprese che possono essere di tipo quantitativo, quali-quantitativo o qualitativo.

Informazioni quantitative

Con le informazioni quantitative (dati scritti e documentati rivolti al passato) si calcolano:

1) il punteggio (*scoring*) di bilancio determinato da bilanci e dichiarazioni dei redditi.

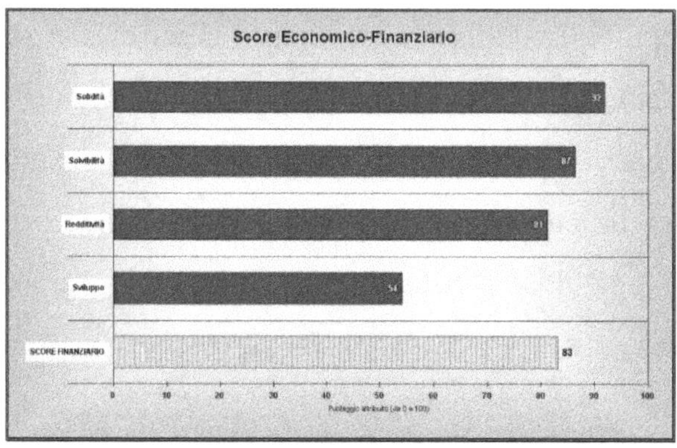

Esempio di *scoring* derivante dai risultati di bilancio, come di solito presento la situazione riassuntiva della valutazione, eseguito con il software Top Value. Da questo esempio si ha subito il quadro dell'azienda da un punto di vista di:

- **solidità**, che fa vedere la configurazione del patrimonio ai fini di preservare l'equilibrio che c'è tra le fonti e gli impieghi;

- **solvibilità**, che è la capacità dell'azienda a far fronte ai fabbisogni finanziari;

- **redditività**, che misura la capacità a creare ricchezza;

- **sviluppo**, che ci fa vedere il trend del fatturato e del capitale investito.

RATING CREDITIZIO (Punteggio espresso da 0 a 100)	2003	2004	2005	2006	2007	2008	2009	2010	Media sempl. totale	Valutazione Giudizio	Trend
RISCHIO FINANZIARIO	80	74	80	82	86	88	89	88	83	Positivo	↑
RATING AZIENDALE	80	74	80	82	86	88	89	88	83	Positivo	↑
RATING OPERAZIONE	80	74	80	82	86	88	89	88	83	Positivo	↑
RATING FINALE ATTRIBUITO	A-	BBB+	A	A	A+	A+	A+	A+	A		

Attenzione: la valutazione in lettere non può considerarsi confrontabile con le classi di Rating tipo S.& P. o similari

2) Lo *scoring* andamentale che viene calcolato dall'evoluzione del rapporto bancario, e dalla Centrale Rischi e CRIF.

Informazioni andamentali

Ecco alcuni dei possibili quesiti ai quali il funzionario di banca deve rispondere, affinché possa contribuire al calcolo del *rating*:

- qualità del lavoro offerto alla banca;
- rotazione del fido;
- grado di utilizzo dei fidi (maggiore del 75-80%);
- frequenza e durata degli sconfinamenti;
- insoluti Ri.Ba. attive (maggiori al 25%);
- insoluti Ri.Ba. passive (maggiori al 25%);
- esito Centrale Rischi e CRIF;
- garanzie reali su fidi a breve termine;
- fideiussioni rilasciate a terzi;

- riduzioni affidamenti da banche;

- insoluti su pagamenti rateali;

- ritardi in pagamento retribuzioni;

- ritardi in versamenti erariali e previdenziali.

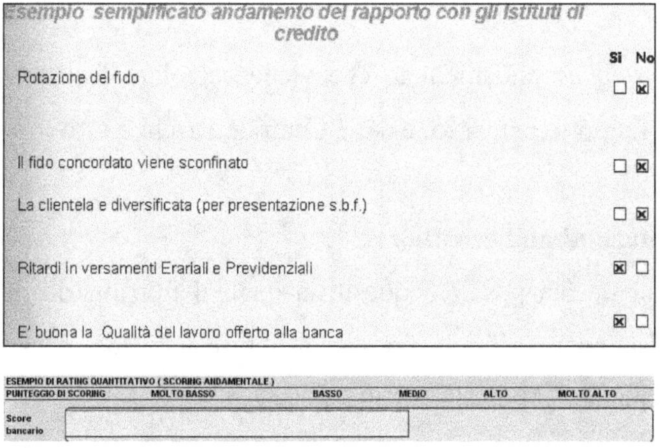

Informazioni quali-quantitative

Si calcola il punteggio derivante dall'esame del business plan, dal budget, dai piani finanziari.

Voglio specificare che viene monitorata la **concretezza dei piani aziendali,** cioè i budget e i business plan devono essere fatti con un certo criterio. Infatti, se vai dai tuoi finanziatori e fai vedere loro dati molto diversi da quelli che poi si verificheranno nel tempo, **perderai subito credibilità**. Una volta queste cose erano soggettive e non valutate, ora sono da tenere in considerazione.

Informazioni qualitative

Con le informazioni qualitative si calcola lo *scoring* derivante da notizie sull'azienda e sul suo management, organizzazione e sistemi di controllo gestionali, grado di innovazione. Ecco un elenco di alcune delle informazioni possibili richieste:

- analisi dei fornitori;
- analisi della concorrenza;
- dipendenza da cliente cruciale;
- dimensione dell'impresa;
- ricerca e sviluppo/innovazione prodotto;
- fiducia e fedeltà, clientela;
- apertura nuovi mercati;
- età dell'impresa e del personale direttivo;
- propensione al rischio;
- professionalità della dirigenza e sua coesione;
- concretezza piani aziendali;
- turnover manager;

- pianificazione strategica e budget;

- controllo del capitale circolante;

- finanza agevolata e innovativa;

- certificazioni di qualità.

I criteri e i fattori che, indicativamente, portano all'attribuzione del *rating* possono essere mediamente e indicativamente stimati come appaiono nel grafico:

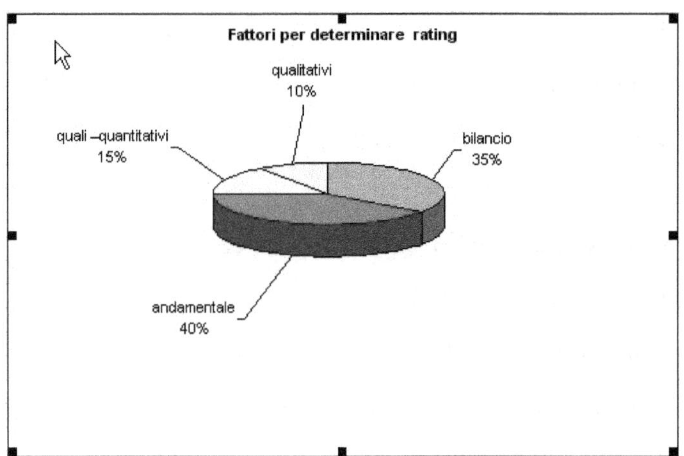

SEGRETO n. 24: Conosci e ragiona sempre in funzione del rating e impara a conviverci; prendilo come uno stimolo al miglioramento continuo.

Come controllare i costi bancari

Dopo aver conosciuto le tue potenzialità di trattativa con gli istituti bancari, sono fondamentali le negoziazioni, il mantenimento e il controllo dei costi bancari.

Il controllo di questi costi permette all'amministrativo di ripagarsi parte del suo compenso, e la verifica va fatta costantemente ad ogni estratto conto ricevuto, come è bene rivisitare sempre le trattative, almeno una volta a trimestre. Una volta ricevuto l'affidamento bancario, o comunque aperto un rapporto di conto corrente, occorre controllare le condizioni che la banca ti applica.

Fino alla fine del 2006, d'iniziativa della banca, le variazioni apportate alle condizioni contrattuali venivano pubblicate sulla Gazzetta Ufficiale, e la comunicazione con le variazioni veniva affissa di solito in bacheca nelle filiali. Di fatto la clientela difficilmente le vedeva e si trovava gli aumenti direttamente negli estratti conto. Con il Decreto Bersani, convertito in Legge 4 agosto 2006, le cose sono cambiate: non ci sono più gli aumenti continui e non comunicati direttamente alla clientela. Qualsiasi modifica delle condizioni contrattuali deve essere comunicata chiaramente al cliente, con preavviso minimo di trenta giorni, in forma scritta. La modifica si intende approvata qualora il cliente non receda, senza spese, dal contratto entro sessanta giorni. In tal caso, in sede di liquidazione del rapporto, il cliente ha diritto all'applicazione delle condizioni in precedenza praticate.

Le variazioni delle condizioni dovranno essere supportate da giustificati motivi (quali, ad esempio, le modifiche del tasso di interesse apportate dalle Autorità monetarie). In assenza delle sopraccitate giustificazioni, non sono più consentite variazioni in senso sfavorevole delle condizioni praticate.

Ecco un esempio di lettera che potrebbe arrivarti da una banca in caso di variazione:

Oggetto: PROPOSTA DI MODIFICA UNILATERALE DEL CONTRATTO art. 118 del D.Lgs. 1 settembre 1993, n. 385, come modificato dal D.L. 4 luglio 2006, n. 223.
(c.d. "Decreto Bersani"), convertito in Legge 4 agosto 2006, n. 248.

La presente per informare la Clientela che, in conseguenza dell'aumento del ....%, nel 2007, dell'indice dei prezzi al consumo (indice di inflazione ISTAT), la Banca effettuerà, con decorrenza 1 aprile 2008, un aumento pari al ...,00% delle spese e delle commissioni applicate ai rapporti di conto corrente, affidamento e di portafoglio commerciale.

Le variazioni si intenderanno approvate ove il Cliente non receda, senza spese, dal contratto entro 60 giorni dal ricevimento della comunicazione inviata al suo domicilio.

In tal caso, in sede di liquidazione, il Cliente avrà diritto all'applicazione delle condizioni precedentemente praticate.

BANCA ....

Il Direttore Generale

Comunque è apprezzabile fare le trattative dei tassi e di tutte le condizioni e controllare poi, ad ogni estratto conto, se è tutto come promesso. È anche vero che spesso le comunicazioni che ci manda la banca sulle variazioni dei tassi vengono prese sottogamba e ci si accorge degli aumenti ricevuti solo in sede di controllo di estratto conto.

A volte ci troviamo delle condizioni troppo alte a confronto con quelle che dovrebbero essere o che hanno nostri concorrenti o conoscenti con le nostre caratteristiche. Altre volte ci troviamo a fare dei raffronti con tassi e condizioni con altre banche, immaginando quanto potremo risparmiare o quanto paghiamo di più, senza avere un'idea precisa di quanto è il reale importo. Ecco un metodo per avere la situazione sotto controllo e, allo stesso tempo, fare calcoli di paragone. Ora confrontiamo lo schema delle trattative e quello che la banca ti ha applicato.

TRATTATIVE BANCARIE

Identificativi					
Banca:					
Persona di riferimento:					
Incontro presso la banca data					

Punteggio di rating					
Conto corrente ordinario n°	Nostre Trattative precedenti	Eventuali modifiche della banca	Tipologia	Nostre Trattative precedenti	Eventuali modifiche della banca
Tasso a credito			Spese tenuta conto forfait		
Tasso a debito			Spese rimborsi forfetari		
Tasso Extrafido fino a _____ %			Commissioni bonifici ord.		
CMS			Spese bonifico h. banking		
CMS per extrafido			Spese per op. assegni		
Valute versamento assegni			Costo libretti assegni		
Costo unitario operazioni c/c			Spese fisse di chiusura		
Numero oper. c/c gratuite			Spese commissioni POS		

Come farsi rimborsare spese trattenuteci in più

Dopo il confronto delle condizioni verifica, con l'estratto conto trimestrale, quali sono le differenze tra le condizioni trattate e quelle applicate. Esegui l'inserimento mettendo il tasso applicato e nella colonna successiva il tasso concordato promesso come nell'esempio sotto riportato. Nella colonna "numeri operazioni" vanno inseriti i dati per il conteggio delle competenze che trovi negli estratti conto trimestrali.

Esempio schema per confronto competenze applicate / da applicare

31/12/2007 — **Banca 1**

Dal	al	Interessi	Numeri/num. operazioni	Tasso applicato	Tasso concordato	Totale applicato	Somma che sarebbe da applicare	Differenza ns. credito
01/10/2007	02/11/2007	Interessi pass	739387,17	7	6,5	€ 141,80	€ 131,67	-€ 10,13
02/11/2007	30/11/2007	Interessi pass	11470331,92	7,5	7	€ 2.356,92	€ 2.199,79	-€ 157,13
30/11/2007	31/12/2007	Interessi pass	1571315,55	7,675	7,175	€ 330,41	€ 308,88	-€ 21,52
			DA RECUPERARE INTERESSI PASSIVI PAGATI					-€ 188,78

Descrizione voce spesa	Base calcolo-numero operazioni	Spese applicate	Spese da applicare	Addebitato	Da applicare	Differenza ns. credito
CMS	83425,04	0,375%	0,250%	€ 312,84	€ 208,56	-€ 104,28
Spese per operazione	100	€ 2,00	€ 1,50	€ 200,00	€ 150,00	-€ 50,00
Spese affidamento	1	€ 60,00	€ 50,00	€ 60,00	€ 50,00	-€ 10,00
DA RECUPERARE IN SPESE						-€ 164,28
TOTALE DA RECUPERARE						-€ 353,06

Chiaramente verrà fuori una differenza sia per il conteggio interessi che per le spese. Se la differenza è significativa, il consiglio è quello di andare in banca con la stampa di questo foglio e fare verificare al funzionario di riferimento. Se per qualche motivo hai ragione e la banca non ti farà recuperare in alcun modo i soldi prelevati in più, puoi sempre, in maniera bonaria, richiedere un rimborso di tale cifra. Prima di andare a richiedere un rimborso a una banca in maniera "poco cordiale", assicurati di essere pienamente nella ragione o comunque ti conviene valutare se è il caso di sentire un parere di un esperto.

Non è detto che questo sistema di contrattazione funzioni con tutti, dipende anche da chi ti trovi davanti, ma ti assicuro che a me ha dato tante soddisfazioni. Dipende anche da come ti poni nei confronti del tuo interlocutore. La banca dovrebbe essere per te un normale fornitore, solo che invece di venderti per esempio merce, ti vende servizi e denaro. Quindi quello che dovresti fare sono solo trattative commerciali, senza arrivare a sentirti "succube".

Ti confermo che buona parte delle richieste bonarie di rimborso ottiene buoni risultati, o almeno per quanto mi riguarda è stato spesso così. Di solito i funzionari, se non ti rimborseranno il totale o una parte, una volta riconosciuto che sono loro a essere in torto, è probabile che ti faranno recuperare buona parte dell'importo per esempio prodigandosi per farti avere delle migliori condizioni nel prossimo futuro.

Le richieste di rimborso possono essere verbali, in questo caso, però, occorre stare molto dietro a colui che deve farti recuperare il credito, poiché le cose verbali facilmente rimangono nell'aria. Il rimborso può anche essere richiesto tramite una "tranquilla" lettera scritta, nella quale si chiede di controllare le condizioni come da schema dei conteggi sopracitato, che va allegato. Anche in questo caso la lettera va seguita, altrimenti rischia di essere disattesa.

Molti imprenditori, in momenti in cui hanno veramente bisogno delle banche (poiché sono in difficoltà e si sentono deboli) accettano condizioni a volte esagerate e non reclamano neppure per la paura di ottenere una reazione negativa dalla banca, che li penalizzerebbe ulteriormente. Invece in molti casi, fare vedere che comunque l'azienda sta attenta ai suoi conteggi e ha un certo controllo, è sinonimo di una sicurezza in più per il funzionario di banca.

Come far sentire "sotto esame" l'operatore bancario

Nel marzo 2008 mi sono trovato, con un cliente che mi aveva conferito l'incarico di controllare le trattative bancarie, di fronte a un'impiegata di un istituto di credito che aveva il compito di seguire le imprese. Le ho fatto notare che le condizioni che applicavano all'impresa in questione erano troppo alte, chiedendole di verificare la possibilità di un rimborso sulle condizioni passate.

La sua risposta è stata che per il passato sarà difficile riottenere qualcosa, e se comunque il mio cliente aveva visto che non gli venivano applicate le condizioni trattate e non andavano bene, avrebbe dovuto reclamare un po' prima. A questo punto le risposte da darle sarebbero state tante, e chissà anche a te cosa potrebbe venire in mente in questo momento, ma effettivamente poteva anche in parte avere ragione.

Conoscendo la potenzialità del mio cliente le ho letto le condizioni che gli applicavano in altri istituti, chiedendole di verificare se anche la sua banca voleva adeguarsi, oppure saremmo stati costretti a spostare il lavoro altrove. Di fronte a situazioni come queste, quasi per magia, saranno applicate condizioni molto più favorevoli e sarà fatto il possibile per cercare di recuperare le spese prelevate in più, con un migliore trattamento futuro. È evidente che, con aziende che hanno il *rating* molto buono, hai molto potere di negoziazione ed è quindi più semplice ottenere ottime trattative. È un peccato che le aziende ad alto *rating* siano la minoranza, come per esempio risulta da questo grafico che risale al 2003, statistica pubblicata da "Italia Oggi" ma che è tuttora indicativa. Si nota che le imprese che vanno verso l'eccellenza sono il 18%, dal *rating* BBB all'AAA, e il 65% stanno nella fascia media tra il B+ e BBB-.

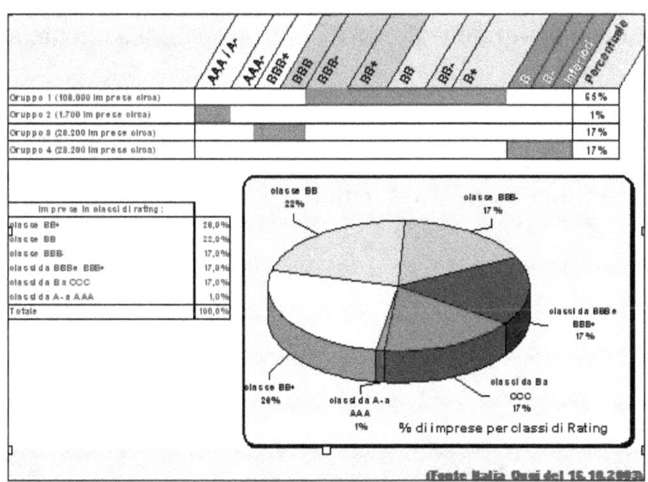

Naturalmente, il metodo di comportamento nei confronti del bancario di riferimento ce lo dovrebbe suggerire il nostro punteggio, in quanto non possiamo pretendere condizioni ottime se abbiamo una valutazione di *rating* poco soddisfacente. Imparare a conoscere il *rating* significa anche imparare a conoscere fino a dove si può arrivare in termini di condizioni.

Bisogna sollecitare la banca con visite periodiche, durante le quali l'azienda dovrà far sentire "sotto osservazione" l'operatore di banca. Sono sicuro che d'ora in poi, finché la funzionaria dell'esempio avrà la gestione dell'impresa del mio cliente, saprà che quella ditta è controllata. Questo può spingere anche lei stessa a dare una maggior consulenza e controllo alla sua clientela.

SEGRETO n. 25: Fai sentire sotto osservazione la banca, considerandola come un normale e rispettabile fornitore.

RIEPILOGO DEL PASSO 5:

- SEGRETO n. 21: Non dovresti mai andare fuori fido, per migliorare la tua valutazione di *rating*.

- SEGRETO n. 22: Occorre sapere che non sei valutato solo dalla tua banca, ma da tutto il sistema bancario.

- SEGRETO n. 23: Dovresti considerare la pianificazione per il controllo della gestione della tua azienda come un punto di forza, per competere in un mondo pieno di imprevisti.

- SEGRETO n. 24: Conosci e ragiona sempre in funzione del *rating* e impara a conviverci; prendilo come uno stimolo al miglioramento continuo.

- SEGRETO n. 25: Fai sentire sotto osservazione la banca, considerandola come un normale e rispettabile fornitore.

PASSO 6:

Cosa comporta il controllo di gestione

Come hai potuto vedere, per poter competere nei tempi odierni è opportuno imparare a utilizzare strumenti di controllo di gestione che permettano la pianificazione. Molti imprenditori e manager di piccole e medie imprese ancora oggi, pur sotto il peso di una "competizione" in aumento, sono costretti a prendere decisioni senza il supporto di informazioni sintetiche e prodotte in tempo adeguato.

I dati in azienda ci sono, ma le informazioni che servono per decidere non giungono, o arrivano in ritardo. E quando arrivano spesso sono difficilmente interpretabili. La vera questione è la progettazione del sistema. Conoscere questi dati permette di evitare i costi eccessivi che rendono i prodotti e i servizi non competitivi. Venire a sapere i propri costi è un comodo strumento per avviare un programma di miglioramento e per incoraggiare la scoperta di problemi nascosti.

Cos'è il controllo di gestione?

Il controllo di gestione è un procedimento operativo per guidare la gestione, poiché dotato di un realistico potere di indirizzo sulle condotte del management. È, inoltre, una filosofia gestionale in grado di influenzare i comportamenti delle persone, tanto da orientarle verso gli obiettivi che l'azienda si è prefissata di raggiungere. Controllo di gestione significa "tenere sotto controllo l'andamento gestionale delle varie funzioni aziendali durante lo svolgimento gestionale, al fine di riuscire ad avere da tutti i responsabili la massima efficienza" (rapporto costi/prodotti di un determinato servizio: tale rapporto consente di vedere se il mix delle risorse disponibili viene utilizzato al meglio).

Vengono messi in evidenza gli eventuali scostamenti dei dati consuntivi periodo per periodo, di solito mese per mese o trimestre per trimestre, e possono essere individuate le cause in modo da offrire la possibilità ai responsabili di intervenire rapidamente per perfezionare la gestione successiva. Qualche volta non si assegna al termine "controllo" il significato adeguato, facendolo equivalere ad aspetti di tipo ispettivo o fiscale. In realtà si applica il controllo per avere uno strumento che consenta di ottimizzare al meglio le risorse utilizzabili. Nelle organizzazioni ben controllate, si sente poco la "presenza" del controllo.

SEGRETO n. 26: Fare in modo di non percepire e non fare avvertire il controllo di gestione come un sistema di tipo ispettivo e fiscale.

Ho provato sulla mia pelle cosa significhi dirigere un controllo di gestione ed essere rispettati, sì per la competenza dimostrata, ma anche e soprattutto perché le cose sono "da fare". I primi tempi che dirigevo, agli inizi degli anni '90, mi attenevo scrupolosamente a quelli che erano i compiti dettati dalla proprietà, ed ero molto severo.

Mi interessava solo il rispetto delle regole, e i risultati che voleva la direzione. In un paio d'anni mi sono reso odioso a buona parte del personale dell'azienda e io ne soffrivo, anche se i miei risultati lavorativi erano ottimi. Cominciai a rendermi conto che, se avevo bisogno di qualcosa da alcuni colleghi, mi veniva concesso solo per il ruolo che coprivo e non per la voglia di farmi un favore.

Estremizzando, mi sembrava di essere in quei regimi autoritari dove il peso del controllo è come una cappa pesante sopra la testa.

Cominciai a farmi un esame di coscienza e iniziai a leggere e divorare articoli, riviste e libri sul management, organizzazione e motivazione. Cominciai quindi ad applicare la mia vera personalità e ciò che stavo pian piano imparando sulle tecniche di motivazione e di controllo. I risultati furono di volta in volta sempre più interessanti, e finalmente cominciai ad avere il rispetto non per il mio ruolo, ma per la mia personalità e la competenza che dimostravo. Ancora adesso, alcune di queste ottime persone che hanno contribuito parecchio al mio "percorso di miglioramento" mi mandano gli auguri per il mio compleanno o a Natale.

Qual è, secondo te, la situazione più "sotto controllo"? Nel primo caso basta ridurre di poco la presa e lo scontento si libera dai vincoli sino a farti cadere. Nel secondo caso è più difficile sgretolare i legami che si sono creati. Essi, dal punto di vista aziendale, porteranno sicuramente alla ricerca del miglioramento continuo, se mantenuti doverosamente. Nei sistemi di controllo valdi, tutte le persone che lavorano nell'impresa hanno un riferimento negli obiettivi di funzione e si comportano di conseguenza.

Il sistema di controllo migliore, secondo me, è quello in cui tutti fanno un po' di controllo. Questo "fare tutti un po' di controllo" è anche percorrere la strada verso il Kaizen, metodo giapponese che significa "miglioramento continuo passo passo". Per darti un'idea di cosa si intende con Kaizen, prova a immaginare di costruirti una casa come e dove vuoi tu, alla quale dai tutto te stesso e la rendi sempre più accogliente.

Più trascorri del tempo in quella casa e più vorrai migliorarla, magari arredandola sempre meglio, e poiché la vorrai sempre più decorare, non ti stancherai mai di renderla migliore. Giorno per giorno diventerà così sempre più il tuo fiore all'occhiello.

Questo criterio, applicato all'azienda, può essere equiparato al Kaizen. Oltre che per l'eliminazione degli sprechi, questo potrebbe essere lo spirito giusto per poter migliorare costantemente e per tenere sotto controllo la tua azienda.

La cosa più difficile per un dirigente è non attribuire alcuna importanza alle cose che non hanno alcuna importanza.

Charles De Gaulle

SEGRETO n. 27: Per avere un sistema di controllo che funzioni occorre essere motivati a renderlo tale, con la sensibilità del miglioramento continuo.

Come utilizzare gli strumenti per il controllo di gestione

La gestione è una serie continua di decisioni, per le quali si deve disporre di un flusso appropriato e tempestivo di informazioni essenziali per le analisi, per guidare le operazioni verso gli obiettivi prestabiliti e per valutare se i risultati previsti siano stati conseguiti. Tutto è da interpretare secondo metodi prestabiliti al fine di non lasciare niente al caso o, in modo meno opportuno, alle "sensazioni".

Uno degli strumenti del controllo di gestione è la contabilità analitica. Essa è sia rivolta all'interno dell'impresa (in termini previsionali), sia orientata al futuro (con l'intento di effettuare il controllo di gestione per prodotto, per centro di costo o centro di responsabilità, e per commessa).

La contabilità analitica (o contabilità industriale o contabilità dei costi) ha lo scopo di superare le difficoltà informative che sorgono dalla lettura dei dati ufficiali del bilancio. Il sistema di contabilità analitica non subentra a quello di contabilità generale. Sarebbe ottimale, dove è possibile, fare in maniera di integrare i due sistemi. Uno degli obiettivi basilari è quello di **verificare come si generano i costi, per capirne l'origine e la formazione progressiva.** Una volta capiti i costi, occorre utilizzarli come base per le scelte prospettiche, col criterio di prendere informazioni del passato per estrapolare quelle necessarie per orientare le scelte future.

La contabilità analitica è uno strumento interno facoltativo e presenta delle differenze nei confronti della contabilità generale (che deve essere tenuta obbligatoriamente per legge). Nella contabilità analitica dobbiamo "far cantare i dati", ottenendo delle informazioni veloci in breve tempo, anche se con questo non si vuole assolutamente dire che la contabilità analitica si accontenti di dati non accurati.

Ecco alcune differenze tra le due contabilità:

Contabilità generale	Contabilità analitica
Individua il reddito d'esercizio	Individua i costi relativi ai vari *cost objects*
Movimentazioni con l'esterno	Movimentazioni interne
È obbligatoria	Non è obbligatoria, è opzionale
Cerca di conoscere gli aspetti economico-finanziari e patrimoniali della gestione	Cerca di conoscere solo l'aspetto economico della gestione
Oggettiva, a scapito della tempestività	Tempestiva, anche a scapito della precisione
I dati devono essere precisi	Vuole dati attendibili purché tempestivi
Dà un risultato globale	Dà risultati analitici per commessa, centro di costo, prodotto
Consuntiva	Consuntiva e preventiva
Segue modalità generalizzate Partita Doppia	Il sistema è tagliato su misura - Forma libera

Come individuare il metodo migliore tra costi diretti e costi indiretti?

La distinzione tra costi diretti e costi indiretti consiste nella loro riferibilità a oggetti specifici di riferimento (cioè le unità organizzative che hanno creato questi costi, centri di costo, i prodotti o le commesse). Per esempio, la voce che nella contabilità generale è singolare e classificata per natura "materie" può essere divisa in varie parti, a seconda che l'oggetto del costo sia centro di costo, commessa o prodotto. I costi indiretti sono quelli non riferibili direttamente ai *cost objects* (oggetto del costo), ma sono quelli comuni a tutta l'attività aziendale.

È importante mettere in risalto che la distinzione tra un sistema di ripartizione invece che un altro comporta a volte anche notevoli differenze. A seconda dell'azienda o del settore di appartenenza è anche rilevante verificare quale sia il sistema da adottare per avere un controllo di contabilità dei costi più adatto all'impresa.

Esiste da sempre la discussione tra chi sostiene che sia meglio adottare un sistema di controllo a costi diretti (o *direct costing*) e chi sostiene invece (la maggioranza) che sia bene utilizzare il sistema a costi pieni (o *full costing*). Di solito, per elaborare i preventivi o i prezzi dei prodotti si procede a calcolare i materiali che occorrono per la lavorazione e le incidenze del tempo di manodopera per calcolarne il costo. Poi si aumentano i valori così determinati di una percentuale, che esprime l'obiettivo di guadagno. In seguito, si prosegue ad aumentare il prezzo complessivo del lavoro di una percentuale aggiuntiva dei costi fissi aziendali.

Utilizzando questo criterio (a costi pieni o *full costing*) puoi sovrastimare o sottostimare i costi fissi. *In altre parole, puoi rischiare di attribuire ai lavori/prodotti più costi fissi di quelli effettivamente sostenuti.*

Il *full costing* quasi mai costituisce la legittimazione del prezzo di vendita. Questo è tanto più vero per quelle imprese che, proprio per non aver utilizzato il *direct costing*, si portano avanti, nel tempo, inefficienze che saranno possibili solo fino a quando il cliente sarà disposto a pagarle.

È sicuramente vero che il metodo dei costi diretti è più facilmente applicabile nel caso di produzioni regolari, mentre la varietà di produzioni riaccende l'anziana tendenza all'assegnazione di una configurazione a costi fissi assorbiti, tramite le procedure tradizionali di "ribaltamento" (tecniche che, spesso, diventano vere e proprie operazioni di ingegneria ragionieristica).

Come fanno i concorrenti a portarmi via i lavori?

La domanda mi fa venire in mente un episodio in cui il direttore vendite di un'importante azienda si chiedeva come mai stesse perdendo così tanto mercato. La risposta alla domanda, dopo un'analisi dei costi e del sistema di contabilità industriale adottata, è stata che ad ogni preventivo veniva imputata da tempo la solita percentuale di costi fissi, senza tenere conto del fatto che il mercato stava cambiando e i clienti non erano più disposti a pagare gli extracosti.

L'aspetto maggiormente negativo nel ribaltare una percentuale dei costi fissi sui lavori è che si rischia di perdere (o addirittura di non accettare) degli appalti e delle vendite che invece sarebbero remunerativi. Mettendosi a paragone con imprese di un settore simile (in regola con tutte le normative per la sicurezza, la privacy, tutte le certificazioni richieste ecc.) ciò che può fare la differenza è proprio il ragionare sui margini.

Prendiamo, per esempio, un'impresa che lavora su commessa: se impieghiamo una configurazione a costi variabili e facciamo le offerte in base al margine, siamo in grado di conoscere il reale contributo apportato da ogni lavoro. In altri termini, sino a quando il margine è superiore a zero, la commessa porta un contributo, che può essere più o meno consistente per contribuire alla copertura dei costi fissi. I costi delle spese generali li dobbiamo comunque sostenere, la contabilità a costi diretti considera la produzione di un singolo prodotto/lavoro come un metodo che acconsenta, mediante un margine di contribuzione, di contribuire al sostenimento dei costi delle spese generali.

Proprio a seconda dell'azienda e del settore in cui opera, io credo che oggi il metodo da adottare (contrariamente a quella che è la comune credenza) sia quello di basarsi sulla contabilità a costi diretti, o per lo meno basare le decisioni strategiche su un doppio livello di margini. Nelle mie implementazioni consiglio di solito un primo margine sulla produzione e da questa misura si vede effettivamente la resa della produzione (sia che esista una contabilità per commessa, prodotto o reparto). Successivamente, dopo il ribaltamento dei costi comuni, si avranno risultati che possono confermare o spostare ciò che si vede dalla produzione.

SEGRETO n. 28: Occorre avere le informazioni velocemente e adattare il sistema dei costi diretti o indiretti secondo le tue caratteristiche.

Nel 2001, in un'azienda di produzione su commessa, durante un corso di formazione al personale direttivo sostenevo la mia convinzione che, per quel particolare settore, la direzione vendite, in fase di preventivo, avrebbe dovuto stare attenta ad applicare la contabilità *full costing*, e consigliai la contabilità a *direct costing*. L'allora responsabile alla produzione si innervosì, poiché dicevo cose contrarie rispetto a quanto lui aveva sostenuto sino a quel momento. Nacque un vivace scambio di idee che portò un leggero astio da entrambe le parti. Ricevetti comunque l'incarico da parte del giovane direttore generale di implementare un sistema di controllo di contabilità analitica e di rimodulare quello esistente.

La cosa funzionò per circa un anno e il sistema procedeva a gonfie vele. Nel momento in cui, però, il giovane direttore generale fu spostato e il numero uno diventò il vecchio responsabile alla produzione, io nel giro di un mese fui invitato a lasciare la consulenza dell'azienda. Questo, sino a oggi, è stato per me l'unico caso del genere, ma da un'esperienza negativa ho appreso che la contabilità analitica non deve essere rigida e quindi, nonostante la mia posizione rimanesse ferma, avrei potuto evitare l'astio applicando il doppio sistema di margini.

Mi immagino la tua osservazione: «Per forza, così facendo agisci come un politico che cerca di accontentare tutti». In effetti questo può essere in parte vero, perché adottando i due margini hai due sistemi di controllo, ti fissi due obiettivi predeterminati e riuscirai a individuare meglio e a controllare le due misurazioni. Per me la sfida moderna è il miglioramento continuo dei costi variabili e dei margini sulle gestioni variabili, poiché i costi fissi, anche se ben controllati, difficilmente possono diminuire.

	SCHEMA SEMPLIFICATO CENTRI DI COSTO IN MIGLIAIA DI EURO	REPARTO A	%	REPARTO B	%	COSTI GENERALI COMUNI
	RICAVI	€ 1.000,00		€ 1.200,00		
COSTI DIRETTI						
	MATERIE	-€ 400,00		-€ 600,00		
	COSTI DEL PERSONALE	-€ 200,00		-€ 180,00		
	PRESTAZIONI DI TERZI	-€ 90,00		-€ 90,00		
	CONSUMI DIRETTI	-€ 10,00		-€ 5,00		
	MANUTENZIONI DIRETTE	-€ 1,00		-€ 2,00		
	AFFITTI DIRETTI	-€ 11,00		-€ 11,00		
	TOTALE COSTI DIRETTI	-€ 712,00		-€ 888,00		
PRIMO MARGINE LORDO	RICAVI -TOT.COSTI DIRETTI	€ 288,00	29%	€ 312,00	26%	
	RIBALTAMENTO COSTI GENERALI COMUNI					€ 100,00
	RIBALTAMENTO COSTI RIPARTITI SOGGETTIVAMENTE	-€ 52,63		-€ 47,37		
TOTALE SECONDO MARGINE LORDO	PRIMO MARGINE-COSTI COMUNI	€ 235,37	24%	€ 264,63	22%	

Come attribuire i costi: qual è il miglior metodo?

I costi sono diretti quando sono attribuibili oggettivamente e sono facilmente calcolabili. Per esempio:

- materie;
- costi del personale:
- lavorazioni esterne;
- ecc.

Sono invece indiretti o comuni o generali quando sono attribuiti in modo soggettivo e per quote. Il metodo di distinzione tra costi diretti e indiretti dipende da come si identificano. Sono attribuiti indirettamente i costi generali di struttura.

Per la ripartizione dei costi generali di solito si utilizzano, tra gli altri, alcuni di questi criteri:

- delle ore di lavoro per manodopera diretta;

- del costo della manodopera diretta;

- della quantità di materie prime utilizzate;

- del costo diretto delle materie prime;

- delle ore macchina;

- del valore aggiunto per prodotto.

Per procedere alla suddivisione dei costi indiretti si utilizza comunque la procedura riportata nell'esempio della figura per due prodotti o commesse o centri di costo A e B, per i quali si sceglie il costo del personale come parametro di ripartizione. Il totale dei costi indiretti non ripartibili direttamente è 100€. Il costo del personale, come da esempio sopradescritto, è 380€.

Personale	€ 380,00		
Suddiviso nel seguente modo			
TOT. REPARTO A=	€ 200,00	52,63%	CALCOLATA =200/380%
TOT. REPARTO B=	€ 180,00	47,37%	CALCOLATA =180/380%
TOTALE =	€ 380,00	100,00%	

Si ottiene che 100 Euro di costi indiretti andranno così suddivisi

Costi Comuni			
€	100,00	€ 52,63	REP.A
		€ 47,37	REP.B

Come e perché ti dovresti interessare alla contabilità analitica

Questi piccoli cenni di contabilità dei costi servono per orientarti a capire l'importanza di conoscere i costi, così come l'importanza (che vedremo anche più avanti) di dividere in gestioni la nostra attività. La contabilità analitica serve a vedere se un reparto guadagna o perde, se una commessa è redditizia o no.

Ho ancora in mente un caso reale che mi è capitato tra gli anni 2004-2005: il titolare di un'azienda (che era regolarmente in utile ed era composta di quattro reparti di produzione) mi aveva fatto presente che voleva sapere esattamente da dove proveniva il suo guadagno. Infatti avvertiva la sensazione che alcuni reparti rendessero di più, mentre aveva l'impressione che un reparto non rendesse, e queste risposte dai dati del bilancio non riusciva ad averle.

Avendo implementato un sistema su misura per il controllo della contabilità industriale e un'accurata analisi mensile, abbiamo potuto verificare come il reparto in questione producesse percentuali di primo margine vicino allo zero e quindi la produzione non dava risultati positivi. Inoltre, ribaltando i costi comuni, il reparto andava in perdita. A questo punto l'imprenditore ha preferito esternalizzare e affittare la linea di produzione a un'altra piccola azienda, mantenendo intatto il mercato verso i clienti ma spostando il suo personale verso altri reparti che gli producevano utili.

Facendo questa operazione ha potuto potenziare la produzione degli altri reparti che già erano in utile, migliorando così i risultati economici.

Come diffondere le informazioni: il sistema di reporting

Se l'arciere non potesse vedere di aver mancato il bersaglio

non saprebbe mai come modificare il tiro.

H.J. Leavitt, *Managerial psycology*, 1972

Il *reporting* è un processo di diffusione periodica delle informazioni. Esso ha lo scopo di mettere in evidenza gli scostamenti tra il programmato in sede di budget e i dati consuntivi del periodo. È il prodotto finito del sistema e, affinché il *reporting* risponda efficacemente alla sua funzione, deve essere tempestivo (cioè fornito al management responsabile nei tempi più brevi, possibilmente tra il 17 e massimo il 25 del mese successivo) al fine di offrire la possibilità di correggere il tiro, intervenendo con idonee azioni correttive.

Per raggiungere l'obiettivo della tempestività per la contabilità analitica, che è rivolta all'interno dell'azienda, non è importante un'eccessiva scrupolosità dei dati, ma è utile che essi siano affidabili, chiari, immediatamente leggibili e interpretabili dai responsabili e ridotti al minimo indispensabile.

SEGRETO n. 29: Non è essenziale una smisurata scrupolosità dei dati, ma è buono che essi siano affidabili, tempestivi e chiari. Inoltre è importante che il report sia di poche pagine.

Solo dopo aver pensato si può decidere: la strategia

Non sono le specie più forti a sopravvivere, e neppure quelle più intelligenti, bensì quelle che reagiscono prima ai cambiamenti.

Charles Darwin

La pianificazione strategica è la strutturazione delle proprie idee in funzione di mete da raggiungere e percorsi da avviare. In quest'ottica in azienda ci vuole qualcuno che pensi (pensare significa apertura nei confronti dei mercati, spirito di innovazione, disponibilità verso il miglioramento). Il processo decisionale si basa su raccolta di informazioni e sull'interpretazione e analisi delle stesse, ma anche sull'intuizione. Il frutto della decisione è la strategia: per fare strategia bisogna pianificare, cioè stabilire le tempistiche, le modalità e i costi di realizzazione.

Per cominciare nel modo giusto, occorre analizzarsi e mettersi in discussione. È opportuno osservare l'assetto organizzativo e il modo di lavorare da una diversa prospettiva, cercando di capire motivi ed effetti di ogni comportamento in azienda.

- Si inizia pertanto verificando, sulla base dell'esperienza passata, le attività dalle quali si originano i ricavi aziendali, per capire successivamente il contributo apportato da ogni singola gestione.
- Il secondo passo consiste nell'analizzare tutte le operazioni aziendali, al fine di poter aggregare le diverse componenti di costo in più gestioni.
- La terza azione è l'analisi della natura delle componenti di costo di ciascuna gestione, per distinguere i costi fissi e i costi

variabili (cioè quelli che variano proporzionalmente al fatturato).

Nelle moderne gestioni aziendali occorre avere l'attitudine giusta per poter passare da una logica a consuntivo a una pianificatoria. Questa struttura mentale ci obbliga a porre degli obiettivi (espressi in termini di fatturato, valore aggiunto, margine di contribuzione) per ciascuna attività e per ciascuna gestione, e verificare nel corso dell'anno gli eventuali scostamenti. Ricordiamoci che possiamo lavorare per obiettivi solo nel momento in cui abbiamo imparato a conoscerci e a capire l'ambiente in cui operiamo. Questo modo di intendere la realtà non appartiene solo al mondo degli affari, infatti è semplicemente quello che facciamo fronteggiando le faccende quotidiane.

Ad esempio, se abbiamo un appuntamento a Milano e decidiamo di andarci in auto, basta andare su internet nei siti di mappe stradali e calcolare tramite partenza e arrivo il tempo necessario. In base a queste informazioni stabiliamo l'orario di partenza. Una volta in cammino siamo in grado di verificare se arriviamo puntuali e, se non è così, possiamo avvertire chi ci sta aspettando.

Applicare questa correlazione al mondo aziendale significa dotare gradualmente l'azienda di nuovi strumenti di lavoro ormai fondamentali come il budget, il margine di contribuzione, il punto di pareggio.

Pianificare pertanto è un incarico difficoltoso che può dare enormi soddisfazioni, ma non assicura il successo solo per il fatto di averci provato. In ogni caso si avrà sempre la chiara idea del perché le cose siano andate in altra maniera rispetto a come ci saremmo aspettati.

SEGRETO n. 30: Nei confronti degli eventi che ti circondano devi fare in modo di "non lasciare che le cose avvengano, ma fare in modo che succedano".

RIEPILOGO DEL PASSO 6:

- SEGRETO n. 26: Fare in modo di non percepire e non fare avvertire il controllo di gestione come un sistema di tipo ispettivo e fiscale.

- SEGRETO n. 27: Per avere un sistema di controllo che funzioni occorre essere motivati a renderlo tale, con la sensibilità del miglioramento continuo.

- SEGRETO n. 28: Occorre avere le informazioni velocemente e adattare il sistema dei costi diretti o indiretti secondo le tue caratteristiche.

- SEGRETO n. 29: Non è essenziale una smisurata scrupolosità dei dati, ma è buono che essi siano affidabili, tempestivi e chiari. Inoltre è importante che il *report* sia di poche pagine.

- SEGRETO n. 30: Nei confronti degli eventi che ti circondano devi fare in modo di "non lasciare che le cose avvengano ma fare in modo che succedano".

PASSO 7:

Il cuore del controllo di gestione: il budget

Il budget è una metodologia di guida basata sull'analisi preventiva dei fatti aziendali. Questa metodologia aiuta la responsabilizzazione delle persone e permette sia una gestione programmata in anticipo che una programmazione degli obiettivi per interesse dell'azienda. Il budget è uno strumento utilissimo. È, infatti, il cuore del controllo di gestione e lo strumento basilare. È anche strumento di motivazione, in quanto coinvolge le persone che lo elaborano e che sono quindi chiamate a rispettarlo.

Il budget deve essere:
- coerente – deve porsi obiettivi reali;
- realizzabile – non è corretto darsi obiettivi non raggiungibili perché farebbe ottenere un calo della tensione emotiva dei responsabili.

Nella composizione del budget, ogni voce dovrebbe essere frutto di ragionamento e, per le aziende che hanno una storia, anche un confronto col passato. Dovrebbe essere il risultato di più programmi delle tue attività, diventando una vera e propria dichiarazione di intenti. Per facilitarti il compito puoi scomporre le varie attività aziendali e determinare un obiettivo per ciascuna di esse.

SEGRETO n. 31: Il budget deve essere realistico e fatto con obiettivi raggiungibili.

È opportuno capire da dove si originano i costi e i ricavi della propria attività, bisogna cioè ricercare le cause dei costi suddividendoli tra:

- costi variabili – variano al variare dei fatturati e sono di solito sostenuti quando si producono i ricavi (materie prime, lavorazioni esterne);
- costi fissi – rimangono stabili qualunque sia il fatturato (affitti, energia elettrica per uffici, interessi passivi per mutui, cancelleria, personale amministrativo ecc.) e difficilmente possono essere diminuiti o modificati.

Per rendere chiaro il concetto di costo fisso si può pensare a costi che derivano da decisioni passate. Immaginiamo una stanza nella quale ci sono le decisioni passate, rappresentate da grossissimi mobili o arredi che difficilmente si possono spostare o cambiare, se non con altre spese o altra fatica, come per esempio un trasloco.

Oltre che parlare di costi è anche importante chiarire cosa si intenda per ricavi:

- ricavi: attività completate, parti di esse eseguite e assegnate, forniture e servizi dati;
- lavori in corso: attività non portate a compimento a fine esercizio;
- rimanenze: materiali in magazzino, prodotti finiti;
- stati avanzamento lavoro: vengono destinati per attività già realizzate caratterizzate da particolari modi di pagamento e hanno importanza per la determinazione del reddito;
- acconti: non formano risultato economico in quanto sono operazioni finanziarie.

Per un'impresa, qualora i ricavi siano più alti dei costi, si ha un utile che rappresenta la differenza tra il ricavo e il costo.

Come si presenta il budget, chi coinvolge e a cosa serve?

Il budget coinvolge i responsabili dell'azienda, cioè gli stessi soggetti che, in un secondo tempo, saranno tenuti a impegnarsi per l'ottenimento degli obiettivi fissati nei relativi settori di competenza.

Il budget serve a:

- prendere decisioni costruite di più su dati qualitativamente affidabili e meno sull'intuito;
- controllare l'evoluzione del reddito e non solo del fatturato;
- prevedere fabbisogni finanziari.

Il budget economico è costituito da:

- un avvicendamento di obiettivi stabiliti e scritti;
- una serie di voci di costo e ricavo opportunamente classificate che sintetizzano in termini di moneta le attività prestabilite aziendali.

Per questo, e per una facile lettura del conto economico anche per chi non è un tecnico, ho diviso per categoria i costi, come se fossero divisi per reparti.

SEGRETO n. 32: È fondamentale imparare a distinguere i costi fissi dai costi variabili.

Mostrando un riepilogo come quello in esempio è possibile vedere come si presenta un conto economico e un budget facilmente leggibile. Si notano gli aggregati economici e si percepisce subito, per esempio, quanto costa l'amministrazione oppure quanto costano gli automezzi o la struttura.

Conto Economico Gestionale	Toma al Menu	Budget		Consuntivo		Scostamento	
DESCRIZIONE	Classe						
Merci conto vendite	ricavi	€ 350.000,00	89,7%	€ 380.000,00	90,5%	€ 30.000,00	
Ricavi da corrispettivi	ricavi		0,0%		0,0%	€	-
Altri ricavi e proventi	ricavi		0,0%		0,0%	€	-
Merci conto rimanenze finali	ricavi	€ 40.000,00	10,3%	€ 40.000,00	9,5%	€	-
Totale Ricavi	ricavi	€ 390.000,00	100,0%	€ 420.000,00	100,0%	€ 30.000,00	
Costi							
TOTALE COSTI		€ 368.932,00	94,6%	€ 392.815,50	93,5%	€ 23.883,50	
RIEPILOGO COSTI							
	ufficio	€ 46.000,00	11,8%	€ 46.710,00	11,1%	€ 710,00	
	struttura	€ 36.400,00	9,3%	€ 37.034,00	8,8%	€ 634,00	
	mezzi	€ 12.000,00	3,1%	€ 12.120,00	2,9%	€ 120,00	
	mutui	€ 2.000,00	0,5%	€ 2.100,00	0,5%	€ 100,00	
	consulenze	€ 8.000,00	2,1%	€ 8.880,00	2,1%	€ 880,00	
	spese gen	€ 5.550,00	1,4%	€ 5.605,50	1,3%	€ 55,50	
	imposte	€ 4.082,00	1,0%	€ 4.456,00	1,1%	€ 374,00	
	bancarie	€ 3.900,00	1,0%	€ 4.200,00	1,0%	€ 300,00	
	produzione	€ 145.000,00	37,2%	€ 154.000,00	36,7%	€ 9.000,00	
	costo personale	€ 67.000,00	17,2%	€ 69.010,00	16,4%	€ 2.010,00	
	Totale serv. Terzi	€ 39.000,00	10,0%	€ 48.700,00	11,6%	€ 9.700,00	
	TOTALI	€ 368.932,00	94,6%	€ 392.815,50	93,5%	€ 23.883,50	
Divisione costi per gestioni							
costi fissi	costi fissi	€ 184.932,00	47,4%	€ 190.115,50	45,3%	€ 5.183,50	
costi variabili	costi variabili	€ 184.000,00	47,2%	€ 202.700,00	48,3%	€ 18.700,00	
	TOTALI	€ 368.932,00	94,6%	€ 392.815,50	93,5%	€ 23.883,50	
Risultato economico gestionale lordo		€ 21.068,00	5,4%	€ 27.184,50	6,5%	€ 6.116,50	

PATRIZIO GATTI – AMMINISTRARE L'AZIENDA

Per ottenere tali dati occorre riclassificare gestionalmente i costi del conto economico:

Conto Economico Gestionale		Budget		Consuntivo		Scostamento	
Quote associative	spese gen	€ 500,00	0,1%	€ 505,00	0,1%	€	5,00
CCIAA diritti vari ed annuali	spese gen	€ 350,00	0,1%	€ 353,50	0,1%	€	3,50
Spese di pubblicità	spese gen	€ 2.700,00	0,7%	€ 2.727,00	0,6%	€	27,00
Spese rappresentanza	spese gen	€ 2.000,00	0,5%	€ 2.020,00	0,5%	€	20,00
Totale Spese generali	costi fissi	€ 5.550,00	1,4%	€ 5.605,50	1,3%	€	55,50
Imposte e tasse	imposte	€ 4.082,00	1,0%	€ 4.456,00	1,1%	€	374,00
Totale imposte e tasse	costi fissi	€ 4.082,00	1,0%	€ 4.456,00	1,1%	€	374,00
Spese e commissioni bancarie	bancarie	€ 900,00	0,2%	€ 969,23	0,2%	€	69,23
Interessi su c/c bancario	bancarie	€ 3.000,00	0,8%	€ 3.230,77	0,8%	€	230,77
Totale oneri bancari	costi fissi	€ 3.900,00	1,0%	€ 4.200,00	1,0%	€	300,00
Oneri Bancari mutui	mutui	€ 2.000,00	0,5%	€ 2.100,00	0,5%	€	100,00
Totale mutui	costi fissi	€ 2.000,00	0,5%	€ 2.100,00	0,5%	€	100,00
Ammortamenti materiali	struttura	€ 1.000,00	0,3%	€ 900,00	0,2%	-€	100,00
Ammortamenti immateriali	struttura	€ 2.000,00	0,5%	€ 2.100,00	0,5%	€	100,00
Totale amm.ti	costi fissi	€ 3.000,00	0,8%	€ 3.000,00	0,7%	€	
Merci c/acquisto	produzione	€ 105.000,00	26,9%	€ 114.000,00	27,1%	€	9.000,00
Merci c/rimanenze iniziali	produzione	€ 40.000,00	100,0%	€ 40.000,00	9,5%	€	-
Totale produzione	costi variabili	€ 145.000,00	37,2%	€ 154.000,00	36,7%	€	9.000,00
Stipendi e salari	Costo personale	€ 50.000,00	12,8%	€ 51.500,00	12,3%	€	1.500,00
Contributi INPS-INAIL	Costo personale	€ 12.000,00	3,1%	€ 12.360,00	2,9%	€	360,00
TFR	Costo personale	€ 5.000,00	1,3%	€ 5.150,00	1,2%	€	150,00
Totale costo operai	costi fissi	€ 67.000,00	17,2%	€ 69.010,00	16,4%	€	2.010,00
Lavorazioni di terzi	Totale serv. Terzi	€ 30.000,00	7,7%	€ 39.000,00	9,3%	€	9.000,00
Altre prestazioni servizi	Totale serv. Terzi	€ 9.000,00	2,3%	€ 9.700,00	2,3%	€	700,00
Totale serv. Terzi	costi variabili	€ 39.000,00	10,0%	€ 48.700,00	11,6%	€	9.700,00

Un'ulteriore divisione è quella di specificare i costi fissi differenziandoli dai costi variabili. Questo ci permette subito di verificare se, nei diversi periodi, la macrovoce dei costi fissi è aumentata, stabile o diminuita. Per i costi variabili occorre stare attenti che la percentuale non superi quella che ti sei prefissato in sede di budget. Il valore assoluto, invece, può cambiare con la variazione del fatturato.

Qual è il significato dell'aumento della percentuale quando crescono i costi (e quindi diminuiscono gli utili)? Probabilmente è che abbiamo acquistato o venduto peggio del previsto. Il controllo di gestione indicherà quali di queste due opzioni è quella corretta. Infatti è possibile utilizzare i suoi strumenti di valutazione, tra cui, per esempio, il controllo del "valore aggiunto".

SEGRETO n. 33: Per avere una più chiara lettura dei budget, è importante riclassificare i costi e inserirli in apposite gestioni.

Come determinare gli indici statistici e gestionali: incidenze statistiche

Quando si redige un budget è importante calcolare la statistica delle incidenze **(costi gestionali/ricavi %)**:

- incidenza acquisti (merci, materie) – percentuale;
- incidenza manodopera – percentuale;
- incidenza lavorazioni esterne – percentuale;

- incidenza gestione finanziaria (sugli smobilizzi) – percentuale;
- incidenza costi struttura – percentuale.

È di grande interesse avere sott'occhio anche gli indici gestionali:

- valore aggiunto, dato da ricavi – materie – manodopera diretta. Il valore aggiunto riassume la capacità commerciale (sia i prezzi di vendita che le capacità di acquisto). Questa misurazione può permetterci di capire se abbiamo acquistato o venduto peggio del previsto. Monitorandola poi nel tempo si riesce a vedere il nostro approccio al mercato;
- margine contribuzione, dato da ricavi-costi variabili. È l'apporto che la gestione dà per la copertura dei costi fissi. In pratica il margine di contribuzione serve per pagare i costi fissi. Per rendere l'idea con un'immagine – il margine di contribuzione rappresenta la velocità dell'azienda che viene frenata dal peso dei costi fissi –, mi immagino una persona che corre con un grosso sacco pieno di costi sulle spalle che lo rallenta;
- punto di pareggio = punto d'incontro tra costi e ricavi.

SEGRETO n. 34: Conoscere i tuoi indici statistici e gestionali ti dà una marcia in più per affrontare il budget futuro.

Come calcolare il punto di pareggio e a cosa serve

Il punto di pareggio (chiamato anche punto di equilibrio o *break even point*) è il fatturato che realizza il margine di contribuzione occorrente a coprire i costi fissi e a garantire il pareggio economico.

Il tuo obiettivo dovrebbe essere guadagnare, quindi sapere con molto anticipo qual è il fatturato che ti permette di non andare in perdita è un'informazione preziosa. Una volta raggiunto il punto di equilibrio (*break even point*) puoi anche relativamente un po' distenderti.

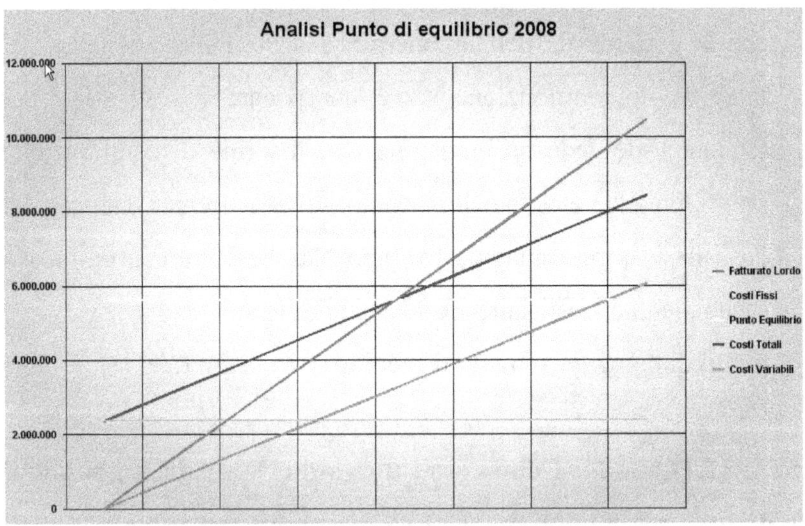

Esempio tratto dal software Top Value.

È utile calcolarlo in un'ottica prospettica per cercare di anticipare gli eventi, infatti:

- da quel momento in poi abbiamo sempre un margine;
- una volta raggiuntolo, per esempio il giorno 261 dell'anno, possiamo anche permetterci di pensare di diminuire il margine di contribuzione sui nostri prodotti/servizi, per aggredire il mercato sapendo di non pregiudicare i risultati economici.

Il punto di pareggio si basa sull'ammontare dei costi fissi e sul margine di contribuzione e si sposta nel corso del tempo a seconda delle decisioni che vengono prese. È utile quindi conoscerlo prima di fare delle strategie.

Per l'elaborazione del punto di pareggio è fondamentale ricercare le cause dei costi.

Le gestioni variabili sono espresse in percentuale del fatturato. In questo modo, una volta trovato il fatturato previsto, i valori dei costi variabili (acquisti, manodopera di terzi, oneri finanziari sugli smobilizzi) vengono determinati in modo automatico.

ANALISI COSTI/RICAVI	PLAN Torna al Menu	Anno 2007		BUDGET 2008	
DESCRIZIONE	Classe				
Merci conto vendite	ricavi	€ 300.000,00	100,0%	€ 380.000,00	100,0%
Totale Ricavi	ricavi	€ 300.000,00	100,0%	€ 380.000,00	100,0%
Costi					
Costi fissi struttura	struttura	€ 150.000,00	50,0%	€ 185.000,00	48,7%
Totale	costi fissi	€ -	0,0%	€ -	0,0%
Merci c/acquisto	produzione	€ 90.000,00	30,0%	€ 114.000,00	30,0%
Totale produzione	costi variabili	€ 90.000,00	30,0%	€ 114.000,00	30,0%
TOTALE COSTI		€ 240.000,00	80,0%	€ 299.000,00	78,7%
RIEPILOGO COSTI					
	struttura	€ 150.000,00	50,0%	€ 185.000,00	48,7%
	produzione	€ 90.000,00	30,0%	€ 114.000,00	30,0%
	TOTALI	€ 240.000,00	80,0%	€ 299.000,00	78,7%
Divisione costi per gestioni					
costi fissi	costi fissi	€ 150.000,00	50,0%	€ 185.000,00	48,7%
costi variabili	costi variabili	€ 90.000,00	30,0%	€ 114.000,00	30,0%
	TOTALI	€ 240.000,00	80,0%	€ 299.000,00	78,7%
Risultato economico di Bilancio lordo		€ 60.000,00	20,0%	€ 81.000,00	21,3%

Ciò significa che, se per avere 300.000€ di ricavi ho 90.000€ di costi variabili (per esempio merci), che considerati in percentuale ammontano al 30%, se aumento i ricavi a 380.000€ e utilizzo la stessa percentuale di acquisto, avrò 114.000€ di merci. Il fatto di aver aumentato di 24.000€ i costi non significa che l'azienda ha speso in modo peggiore, perché la percentuale sui ricavi è la stessa. In questo caso l'importante è guardare la percentuale, che varierà o meno a seconda di come eseguo gli acquisti. Per le gestioni costituite dai costi fissi sono importanti, invece, i valori assoluti. Nel nostro esempio, nell'anno 2007 ho 150.000€ di costi fissi, che mi aumentano nel 2008 a 185.000€, devo quindi verificarne la causa.

Attenzione perché, se aumento il fatturato, la percentuale dei costi fissi diminuisce, e ciò può portare fuori strada in quanto sembrerebbe che ci sia un miglioramento. Ma non è sempre detto che per aumentare i ricavi si devono aumentare anche i costi fissi. Anche per questo, quindi, deve essere verificato il valore assoluto.

Dallo schema di conto economico gestionale passiamo alla riclassificazione gestionale per il calcolo del punto di pareggio.

Riclassificazione Gestionale	ANNO 2007		BUDGET 2008	
DESCRIZIONE		%		%
Totale Ricavi produzione	€ 300.000,00		€ 380.000,00	
Costi				
Totale costi produzione	€ 90.000,00	30,0%	€ 114.000,00	30,0%
Margine di Contribuzione	€ 210.000,00	70,0%	€ 266.000,00	70,0%
Costi Fissi	€ 150.000,00	50,0%	€ 185.000,00	48,7%
Risultato economico Gestionale	€ 60.000,00	20,0%	€ 87.000,00	21,3%
PUNTO DI PAREGGIO	€ 214.285,71		€ 264.285,71	
MARGINE DI SICUREZZA	28,6%		30,5%	
GIORNO DI RAGGIUNGIMENTO	261		254	

Come si calcola il punto di pareggio o break even point?

Per calcolare il punto di pareggio bisogna considerare la seguente formula:

punto di pareggio (PP) = totale costi fissi (CF)/margine di contribuzione (MC) %

Esempio:

PP = 185.000€ (CF)/70% (MC%) = 264.285,71€

Ipotizzando un andamento costante dei ricavi si può immaginare di prevedere anche i giorni di raggiungimento del punto di pareggio.

La formula per trovare il numero di giorni necessari al raggiungimento del PP è:

PP/Fatturato *365 = numero di giorni.

Il punto di pareggio può essere determinato anche in base alle quantità, il che permette di rispondere a quesiti del tipo: «Quanti pezzi devo produrre per raggiungere il mio PP?».

Per rispondere occorre calcolare:

prezzo di vendita per unità – costi diretti per unità = margine di contribuzione per unità.

Quindi utilizzare il risultato ottenuto nella seguente formula:

costi fissi/margine di contribuzione per unità = pezzi da vendere per raggiungimento punto di equilibrio.

✚		Prodotto	% margine
Prezzo Vendita unitario	€	19,00	
Costi diretto unitario	€	5,70	
Margine Contribuzione unitario	€	13,30	70,0%
Costi Fissi Totali	€	185.000,00	
Pezzi da vendere per raggiungimento Punto Pareggio		13.910	
Totale Punto Pareggio calcolato num.pezzi *Prezzo Vendita	€	264.285,71	
oppure Totale Costi Fissi /MC%	€	264.285,71	

Come verificare l'effetto trend del punto di pareggio

Ciò che è interessante del punto di pareggio è che si può controllare periodicamente il suo spostamento. La domanda che potrebbe sorgere a questo punto è: «Ma come faccio a vedere il punto di pareggio durante l'anno?» Devi tenere sempre presente il punto di pareggio da budget e considerare nel calcolo il totale dei costi fissi preventivati.

Per fare un esempio: se al 30.06.2008 ho 92.500€ di costi fissi, mentre per tutto l'anno ne ho preventivati 185.000€, devo calcolare il PP sui costi fissi preventivati a budget (185.000€). Ovvero, se ho previsto – in sede di budget – che il punto di pareggio è 264.285,71€ con costi fissi di 185.000€, posso considerare "l'effetto trend", che vuol dire verificare l'andamento in previsione sull'anno in corso.

Posso misurare il margine di contribuzione in percentuale al 30.06.2008, poi considero i costi fissi dell'anno e verifico se sono in linea con il budget. Se non ci sono grossi scostamenti tra i costi preventivati e quelli reali, occorre reimpostare la formula:

punto di pareggio trend = costi fissi preventivati a budget (oppure rimodulati sulla base dei consuntivi)/margine contribuzione dell'anno in corso % (da confrontare poi col risultato preventivato budget).

Riclassificazione Gestionale		CONSUNTIVO GIUGNO		BUDGET 2008	
DESCRIZIONE	Classe		%		%
Totale Ricavi produzione	RIC	€ 200.000,00		€ 380.000,00	
Costi					
Totale costi produzione	CV	€ 74.000,00	37,0%	€ 114.000,00	30,0%
Margine di Contribuzione	MC	€ 126.000,00	63,0%	€ 266.000,00	70,0%
Costi Fissi	CF	€ 92.500,00	46,3%	€ 185.000,00	48,7%
Risultato economico Gestionale		€ 33.500,00	16,8%	€ 81.000,00	21,3%
PUNTO DI PAREGGIO				€ 264.285,71	
MARGINE DI SICUREZZA				30,5%	
GIORNO DI RAGGIUNGIMENTO				254	
PUNTO DI PAREGGIO		€ 293.650,79		€ 264.285,71	

In questo caso "l'effetto trend del punto di pareggio" basato sui dati dell'anno in corso si sposta negativamente più avanti, in quanto il margine di contribuzione è peggiorato, rendendo meno veloce l'azienda. Per semplicità di calcolo ho lasciato i costi fissi costanti; a questo punto il "punto di pareggio trend" è calcolato nel seguente modo:

PP = costi fissi annui/MC% del 30 giugno

PP = 185.000€/63% = 293.650,79€

SEGRETO n. 35: Il punto di pareggio ti permette di verificare le strategie scelte e ti dà anticipatamente indicazioni di quanto deve essere il fatturato per rientrare nei costi fissi.

Margine di sicurezza

Appena calcolato il punto di pareggio devi calcolare il margine di sicurezza, che è la percentuale massima per cui l'azienda può diminuire il volume d'affari in riferimento all'anno precedente per non aver pericoli. Si calcola quindi:

margine di sicurezza = (ricavi anno precedente – PP)/ricavi anno precedente %.

RIEPILOGO DEL PASSO 7:

- SEGRETO n. 31: Il budget deve essere realistico e fatto con obiettivi raggiungibili.

- SEGRETO n. 32: È fondamentale imparare a distinguere i costi fissi dai costi variabili.

- SEGRETO n 33: Per avere una più chiara lettura dei budget, è importante riclassificare i costi e inserirli in apposite gestioni.

- SEGRETO n 34: Conoscere i tuoi indici statistici e gestionali ti dà una marcia in più per affrontare il budget futuro.

- SEGRETO n 35: Il punto di pareggio ti permette di verificare le strategie scelte e ti dà anticipatamente indicazioni di quanto deve essere il fatturato per rientrare nei costi fissi.

Conclusione

Puoi controllare e amministrare un'azienda senza dipendere troppo da altri, anche se non sei uno specialista in materia. L'importante è capire cosa ti occorre e imparare a utilizzare semplici metodi. Essi, con l'aiuto dei fogli di calcolo, dei filtri e delle tabelle pivot, possono esserti utili per far "parlare i dati" e "dire ogni cosa". Possiamo procurarci i dati necessari molto facilmente in azienda.

Certo, per avere successo con queste tecniche devi essere sempre costante e impegnarti con metodologia. Per guidare le aziende tradizionali nel mondo d'oggi occorre pianificare sia i flussi finanziari che la parte economica, rappresentata da costi e ricavi.

Particolare attenzione devi avere verso il flusso di cassa. Infatti la sua gestione fa veramente la differenza tra chi si può espandere e chi invece non lo può fare. Non serve lavorare tanto, guadagnare, pagare le tasse e non incassare, occorre quindi fare molta attenzione a chi vendi. Impara a monitorare periodicamente gli indici avendo presente cosa ti possono indicare per migliorare la tua gestione. Questo è importante, anche perché sono gli indicatori che verifica la banca quando vai a chiedere un finanziamento.

Oggigiorno chiedere un finanziamento è sempre più difficile, anche grazie al nuovo accordo sui requisiti minimi patrimoniali delle banche, Basilea 2, che ha introdotto per ogni finanziamento l'introduzione del sistema di valutazione chiamato *rating*. Se hai bisogno di finanziamenti, è utile perciò capire cosa vuole la banca e adattarti.

Nello stesso tempo non permettere di farti "snobbare" solo per il fatto di esserti trascurato (ad esempio non curando il tuo conto corrente o il tuo bilancio), quindi stai attento ai comportamenti anomali. Solo conoscendo il *rating* e accettandolo, sapendo come vieni valutato, puoi permetterti di far diventare questa "palla al piede" un vero e proprio punto di forza.

Non aspettare gli estratti conto per scoprire che la banca ti sta applicando dei tassi o spese troppo alte. Fai sentire sotto esame il funzionario bancario, come lui ti farebbe sentire nel caso di un tuo sconfinamento. Fai in maniera di **non lasciare che le cose avvengano, ma fai in modo che succedano**, e adotta un metodo di lavoro basato sui budget che ti permette di vedere e programmare in anticipo gli eventi e di correggere il tiro laddove va modificato. Utilizza per le tue strategie la valutazione del punto di pareggio, per vedere in prospettiva la tua gestione.

Nel concludere questa carrellata di mezzi e di concetti per controllare la tua impresa occorre specificare che questa è solo la **base della base**, anche perché nella gestione moderna i sistemi tradizionali di programmazione e controllo hanno dei limiti:

- non si rendono conto dei fenomeni di natura non contabile;
- non riconoscono i processi aziendali;
- spesso ignorano la performance del personale;
- non sono al corrente di ciò che succede all'esterno dell'azienda;
- sono sistemi di controllo più che di guida.

Sempre più attenzione va data, oltre che ai numeri, ai comportamenti. Infatti è importante che non rimanga di interesse predominante un solo indicatore di diretta influenza sul conto economico. Occorre impostare con tutti i livelli dell'organizzazione, anche gli inferiori, il programma basato sul linguaggio dei fatti, piuttosto che quello dei soldi. Quindi, per esempio, i costi sono il linguaggio dei soldi, mentre il numero dei resi, le rilavorazioni, le non conformità, il numero di ordini acquisiti in più fanno parte del linguaggio dei fatti.

Mi piace l'idea, inoltre, di metterti la "pulce nell'orecchio", proprio come l'ha messa a me, leggendo alcuni dei suoi scritti, il dott. Ishikawa, uno dei guru giapponesi del *quality management*. Lui diceva: «Quando vedete dei dati, dubitate! Quando vedete delle misure, dubitate!». Sapeva, infatti, che nell'azienda molti dati sono messi insieme per assecondare i capi.

Questo per rafforzare la mia idea che il controllo va fatto costantemente e, laddove si può, è utile a volte farlo fare o guidare da esterni. Non si tratta di mancanza di fiducia, ma solo del fatto che all'interno, come già spiegato, si tende a lasciare il controllo in secondo piano. Avere una chiara idea di come vanno le cose, inoltre, ci avvicina anche al personale, che lavora senza sentire il distacco tra l'alta direzione e la base.

Bene, a questo punto io ti dico che ora puoi cominciare anche tu a sentirti più sicuro, poiché sei consapevole di ciò che ti occorre per amministrare la tua impresa, mettendo sotto controllo alcuni aspetti. Mettiti perciò subito al lavoro.

Il mio invito è quello all'azione:
- crea dei fogli di calcolo per il controllo di base. Se hai altri programmi va bene lo stesso, purché provi ad adottare lo stesso metodo;
- ricordati del metodo C.P.C.M.;
- comincia a fare delle pianificazioni finanziarie;
- applica da subito la regola della finanza aziendale e cerca di capire se guadagni e dove metti i soldi guadagnati;
- tieni sotto controllo i tuoi indici;
- impara il linguaggio delle banche e ragiona in funzione del *rating*;

- fai o fatti fare *report* per avere la situazione economica finanziaria aggiornata e sempre sotto controllo;
- lavora con l'ausilio dei budget;
- calcola e controlla periodicamente il punto di pareggio.

Buon lavoro,
Patrizio Gatti